KB274464

음식경영 컨설팅에 길을 묻다

한국경제신문

장사꾼이 아닌 장인으로…

'세계 최고의 음식점 경영자가 되려면 적어도 3번 정도는 위장 수술을 받아야 한다.'는 말이 있다.

이 말은 음식점의 최고 경영자는 좋은 맛을 내기 위하여, 하루에도 수십 번, 수백 번씩 체크하고 또 체크하며 고객이 진정으로 그 맛의 즐거움을 느낄 수 있도록 음식 맛을 테스트하다 보니 결국엔 과식하게 되고 위장병까지 걸리게 된다는 의미다. 그만큼 음식장사에서 프로가 된다는 것은 험난하고 어려운 일이다.

우리 주변에는 음식점 경영을 아주 쉽게 생각하고 남을 모방하거나 그저 적당히 노력을 하면 성공하는 것으로 착각하는

사람들이 많다. 그러나 음식점 경영은 맛과 서비스로 승부를 내야 하는 진정한 프로세계다.

서비스란 말도 간단히 미소를 짓고 인사만 잘하면 되는 것으로 생각하는데 그것은 서비스 행동이지 진정한 서비스 마인드가 아니다. 말하자면 원리와 기본에 충실하지 않으면 결코 그 본질이 표출되지 않는다는 것이다. 맛도 서비스도 모두 혼과 정성이 깃들지 않으면 고객이 그 진정성을 느끼지 못한다.

《음식경영 컨설팅에 길을 묻다》는 음식점 경영자들의 마음의 자세, 정신적 자세에 대하여 매우 중요한 이야기를 하고 있다. '장사꾼이 아닌 장인으로 살아남아라!' 장인정신을 특별히 강조한 부분은 현재 음식점을 경영하고 있는 경영자나 종업원 그리고 앞으로 음식점을 창업하려는 분들에게 프로정신을 일깨워주는 좋은 내용이므로 반드시 일독을 권하고 싶다.

김헌희

음식경영의 가치 창조 시대

음식경영과 컨설팅은 어떤 관계일까?

무조건 음식 맛으로만 승부하던 때는 지나갔다. 외식업 전체의 흐름을 통찰할 수 있는 안목과 더불어 원칙을 지킬 줄 아는 지혜를 가진 사람만이 성공할 수 있다. 가치 창조를 우선으로 하는 음식경영의 시대가 도래한 것이다. 주먹구구식으로 무작정 음식점을 개업하거나 값싼 점포라고 철저하게 이익을 따져보지 않고 음식 장사를 시작하면 실패만 초래할 뿐이다. 하루가 다르게 급변하는 고객의 요구와 트렌드의 흐름에 부응하기 위해서는 철저한 전략과 그에 상응하는 전문성이 요구된다.

가치 창조를 우선으로 하는 음식경영, 그 시작은 땅에서부터 출발한다. 오랜 세월동안 건설업에 종사하면서 땅으로부터 많은 것을 배웠다. 땅은 나에게 사람과의 인연과 그보다 더 깊숙한 숙명, 그리고 인간의 힘으로는 도저히 거스를 수 없는 운명까지 연결하고 그것들을 숙성시키는 오묘한 힘을 부여해 주었다. 또 우리나라는 물론 북한경제특구지역에 투자를 원하는 개발자와 투자자들을 대상으로 컨설팅 업무를 진행하는 동안 땅은 사람과 사람을 잇는 가장 완벽한 매개체라는 가르침을 얻었다. 더불어 사람과 사람을 잇는 또 하나의 연결고리를 발견하게 되었다. 바로 음식이었다. 모든 삶의 희노애락엔 식(食)이 담겨져 있었다. 그리고 모든 공간의 중심에도 식(食)이 담겨져 있었다. 식의 기본은 자연에서 나오며 자연이라는 공간에서 식을 할 수 있다면 신선의 반상이라! 그때부터 나를 가르친 땅과 그로부터 깨우치게 된 음식경영 노하우를 많은 사람들에게 전해주어야 한다는 사명감을 가지게 되었고, 그 사명감을 고스란히 담아낸 《음식경영 컨설팅에 길을 묻다》가 탄생하게 된 것이다.

이 책은 각 장별로 4가지 음식경영의 핵심 성공 포인트를 알려준다. 기본적인 상권 및 종목 분석 요령부터 성공한 창업주가 지녔던 프로의 자세, 도전과 실패를 두려워하지 않는 성공의 지름길, 상품보다 가치를 중요시하는 장인의 노하우를 담았다. 음식경영의 4가지 기술을 실전에서 활용한다면 어느 순간 여러분은 남들이 부러워하는 음식경영의 일인자가 돼 있을 것이다. 성공적인 음식경영으로 가는 아주 특별한 컨설팅, 지금 만나보자.

2009. 5 편병철

C/O/N/T/E/N/T/S

분석의 기술 Consulting 01

프로의 기술 Consulting 02

성공의 기술 Consulting 03

장인의 기술 Consulting 04

분석의 기술

지인지지(知人知地)면 백전백승이다

분석하면 모든 것이 보인다

01

'왜?'라는 호기심의 힘

20여 년 동안 땅을 분석하고, 건설회사를 경영하면서 나는 매번 부동산의 무한한 가치에 대해 감탄을 한다. 부동산개발사업은 인간과 땅을 연결시켜, 부(富)를 창출케 하는 창조적인 사업이다. 그 사업에 오랫동안 몸담고 연구하다 보니 상권이 저절로 눈에 보였다. 땅과 인간의 연결 범위 안에서 젖줄처럼 흐르는 상권을 꿰뚫어볼 수 있는 분석 능력을 갖게 된 것이다. 그리고 분석을 하면 모든 것이 한눈에 보인다는 것을 알게 되었다.

분석…. '분석'이라는 말처럼 사람을 긴장시키는 말이 또 있을까? 이 단어를 듣고 나면 일단 자세를 똑바로 하고 긴장을 해야 할 것만 같은 생각이 든다. 하지만 어떤 분야든 하나하나 풀어가다 보면 그것에 대한 해법은 반드시 나타나기 마련이다. 그리고 그러한 과정을 통해 우리는 자신감을 얻게 된다. 무슨 일을 하기 전에 분석이 필요한 것은 바로 그 때문이다. 분석은 우리로 하여금 무엇이 필요한지를 깨닫게 해준다.

분석의 바로 직전 단계는 호기심이다. '호기심'이 '찾아보기'로 이어지고 그것이 다시 '정보와 지식'으로 연결돼 현실에 적용될 때, 우리는 그것을 '분석의 효과'라고 한다. 다시 말해 분석은 우리가 알아낸 정보를 현실에 적용하고, 그것을 실행하기 위한 '발돋움'이라고 생각하면 된다. 그렇다면 이러한 발돋움이 왜 중요한 것일까?

선인들은 지피지기(知彼知己)면 백전백승(百戰百勝)이라는 말로 분석의 필요성과 중요성을 가르쳤다. 알아야 면장을 할 수 있다는 속담도 있다. 무슨 일을 하려면 우선 먼저 '알아야' 한다. 알지 않고 무턱대고 덤비는 일에 승산이 있을 리 없다. 알고자 하는 의욕과 의지가 결국 '완성'의 시작이기 때문이다.

'장사'는 이익을 얻으려고 유형의 것을 파는 일체의 행위를 말한다. 그러므로 장사의 목적은 '이익' 그 자체가 되어야 한다. 손해를 보는 장사를 했다면 그것은 이미 장사가 아니다. 그렇다면 장사는 왜 계속해서 이익을 내야 하는 것일까?

그동안 부동산개발사업과 건설업, 음식업을 경험해온 내 입장에서 보자면, 장사의 '이익'이란 그저 단순히 상품만 팔아서 얻는 소득이 아니라 '더 큰 이익으로의 변환'을 꾀할 수 있는 것이어야 한다는 것이다. 즉 점포와 음식과 점주의 능력이 서로 상호작용을 해, 최대의 부가가치를 이루어내야 한다는 얘기다. 그것은 내가 그와 관련해 컨설팅을 하는 이유이기도 하지만 프랜차이즈 사업과 부동산개발사업, 건설업을 함께 하는 이유이기도 하다.

여기서 말하는 '더 큰 이익'이란 권리금을 포함한 일체의 재산적 가치는 물론이고, 그동안 쌓아온 점포의 상품적 가치, 그리고 고객과의 관계까지를 모두 포함하는 것이다. 점포의 상품적 가치를 높여서 얻는 이익을 '영업권리금'이라고 하는데, 이것은 점주의 경영 능력에 따라 크게 좌우된다.

예를 들어, 매달 1000만 원을 순이익으로 남기는 점주는 점포를 매각할 때 최소한 1년 동안의 이익금인 1억 2000만 원 이상의 권리금을 받을 수 있어야 한다. 그래야 장사를 잘했다고 할 수 있고 점포의 부가가치나 땅의 부가가치를 제대로 활용할 줄 아는 점주라고 말할 수 있다.

결국 따지고 보면, 장사란 권리금을 벌기 위해 하는 것이라는 말이 맞다. 일정 기간 내에 권리금을 벌게 되면 장사에 성공한 것이고, 그렇지 않으면 장사에 실패한 것이다. 장사에 실패하게 되면 점포를 매각할 때 좋은 조건을 내세울 수도 없고, 음식업 경영에 대한 자신감마저 상실하게 된다. 그러므로 권리금은 점포의 부가가치일 뿐만 아니라 점주 자신의 부가가치인 셈이다.

그럼 어떻게 해야 점주 자신의 부가가치가 올라가는 것일까? 그것은 프로가 되면 된다. 그럼 어떻게 하면 음식장사에서 프로가 될 수 있을까? 프로가 되려면 분석을 잘할 줄 알아야 한다. 그럼 마지막으로 다시 한 번 질문해보자. 어떻게 해야 분석을 잘할 수 있을까? 분석을 잘하려면 우선 먼저 호기심을 가져야 한다.

영국의 시인이자 평론가인 사무엘 존슨이 '어떤 일이든 가장 좋은 부분에 주목하는 습관을 가지게 되면 1년 후에, 거기에 천 파운드 이상의 가치가 붙는다.'라는 말을 했다고 한다. 가장 좋은 부분에 주목하는 습관, 나는 그것이 바로 호기심이며 분석의 시초라고 생각한다.

호기심이 중요한 건 그것이 무한한 에너지를 발산하기 때문이다. 호기심을 갖는 사람은 단순히 궁금증을 품는 차원을 떠나 그것을 탐구정신으로 발전시키고 능력으로 쓸 줄 안다. 그래서 그들은 언제나 도전적이고 진취적이다.

나는 이십대 후반에 생전 처음 내 명의로 된 땅을 사고 분석하는 일을 시작했다. 건물을 지으려니 그 건물이 들어설 땅을 분석하는 것은 너무나 당연한 일이었다. 물론 그전에 여러 곳의 땅을 보러 다녔고 조사도 했었으니 땅에 대한 호기심은 이미 최고조에 달해 있던 상태였다.

땅에 대한 '호기심'은 날마다 나에게 더 많은 정보와 지식을 알아내라고 종용했다. 나는 그런 종용과 호기심이 좋았다. 좋아하는 일을 알아가는 재미와 그것이 현실 속에서 공식처럼 맞아떨어지는 묘미는 이루 말할 수 없는 기쁨이었다.

분석의 기술은 호기심을 갖는 것이다. 나는 인간이 가진 욕심 중에 가장 위대한 욕심은 바로 호기심이라고 생각한다. 호기심은 관심을 갖고 있는 분야에 대해 알고자 하는 내적자극이자 에너지다. 결국 그 자극과 에너지가 부피와 무게를 더해 가면서 진정한 정보와 지식이 되는 것이다.

나는 땅이 좋아 부동산을 분석하고 투자하는 전문가가 되었다. 그리고 땅을 찾아 전국을 돌아다니다 또 다른 호기심에 사로잡히게 되었다. 이번에는 가는 곳마다 먹게 되는 음식들이 궁금해진 것이다. 그렇게 팔도음식을 다 먹어보고 다니다 보니 점점 입맛이 까다로워졌다. 똑같은 음식도 음식점에 따라 그 맛이 천차만별이기 때문에 서로를 비교하지 않을 수 없게 된 것이다.

그리고 그 음식들을 좀 더 개선할 점은 없는지 연구하고 싶어졌고 나중에는 만들어 보고 싶어지기까지 했다. 만들어 보려니 장소가 필요했고 그래서 음식점을 경영하게 되었다. 호기심은 또 다른 호기심을 불렀고 그러다 보니 분석이 또 다른 분석으로 이어진 것이다.

땅을 분석하다 보니 음식은 저절로 자연스럽게 분석하게 된 셈이다. 그런 까닭에 나는 가끔 사석에서 "내 발이 내 입을 인도했고 내 입이 내 인생을 결정했다."라는 우스갯소리를 한다.

분석은 항상 '왜?'라는 호기심으로부터 출발한다. '왜?'라는 질문은 자기 스스로에게 할 수도 있고 타인에게 할 수도 있으며 대중에게 할 수도 있다. 다만 그 누구에게 했든 간에 그것의 개별적인 요소와 성질을 알아내야 한다는 것이다.

분석을 잘하려면 목표를 분명하게 세워야 한다. 목표는 분석의 원천이다. 목표가 있기 때문에 분석을 하는 것이다. 분석은 목표에서 생산되는 것이고 그로 인해 더욱 깊고 풍부해지는 재산이다. 그러니까 목표는 앞으로 분석을 어떻게 해야 할 것인가를 정해주는 이정표 같은 것이라고 생각하면 된다.

분석을 하는 데 있어서 굳이 지름길을 제시하라면 '바로 지금, 바로 눈앞에 있는 것뿐만 아니라 그 너머까지 보아야 한다.'는 것이다. 시간을 넘어서 보아야 하고 상황과 정세를 넘어서 보아야 한다. 그것을 혜안이라고 부르든, 선견지명이라고 부르든 아무래도 좋다. 멀리 바라보고 판단하는 기술, 그것을 가질 수 있는 눈이 필요하다. 그렇게 분석의 기술을 터득하고 나면 모든 것이 한눈에 보이기 때문이다.

분석은 힘이다!

02 땅을 보라 사람이 보인다

첫사랑을 만난 느낌으로 땅을 대하자

땅은 건물이 자리를 잡는 지반인 동시에 그 건물이 생명을 이어가는 곳이다. 그리고 그 건물이 목적을 달성하고 성장하는 데 어머니 같은 역할을 한다. 하지만 언제까지나 생물체를 보듬어주고 감싸 안아줄 것만 같은 땅도 잘못 선택한다면 그때는 '입지'의 엄격함을 여지없이 드러내고 만다. 어머니의 두 얼굴이라고나 할까? 왜 우리 어린 시절, 한없이 자상하기만 하던 어머니가 회초리를 들고 꾸중할 땐 전혀 딴사람 같지 않던가! 두 얼굴의 어머니, 그것이 바로 땅이다.

나는 항상 처음 만나는 땅 앞에서 짤막한 인사를 한다. 그 땅에서 받은 첫 느낌에 대한 소견이라고나 할까? 아마도 내 나름대로는 살아 있는 땅에 대한 예우를 차리는 것이리라.

처음 만난 사람들끼리는 당연히 처음 느낌이 생기게 마련이다. 그런 것을 첫인상이라고 부른다. 얼굴로, 말투로, 행동으로 첫인상은 머릿속에 자연스럽게 각인된다. 다시 말하면 첫인상은 내가 상대방을 어떻게 대할 것인가를 정해주는 '로드맵' 같은 것이다. 로드맵은 말 그대로 지도다. 그러니까 첫인상은 상대방을 대할 방향을 제시해주는 첫 번째 지도인 셈이다.

상대방의 첫인상이 주어지면, 대화를 하면서 판단과 분석을 하게 된다. 그러고는 괴팍하고 강한 사람일 거라던가, 온화하고 유순한 사람일 거라던가 하는 애초의 첫인상에서 수정을 하든지, 확신을 하게 된다. 그렇게 탐색해 나가다 보면 첫인상이 들어맞을 수도 있고 그와는 정반대 성향이 나타날 수도 있다.

이 논리를 좀 더 확대시켜 보자. 동물에게도, 식물에게도, 심지어는 땅에도 첫인상이라는 게 있다. 상권도 마찬가지다. 상권을 보면 어떤 사람들이 분포하고 거주하는지 알게 되는 것이다.

내가 맨 처음 땅을 사고 건물을 지었던 곳은 장충동이었다. IMF 시절이었으므로 시기적으로나 정서적으로 아주 안 좋은 상황이었다. 아주 노골적으로, 그 땅에 무슨 건물을 지어도 망하고 말 것이라고 얘기하는 사람도 한둘이 아니었다. 하지만 나는 그것을 기회라고 생각했다. 그래서 그동안의 내 경험과 논리와 자신감을 믿고 그냥 밀고 나가기로 했던 것이다.

내 나름대로의 논리란 '물이 차면 배를 타고 건너가야 하고 물이 다 빠지면 그냥 쉽게 걸어가면 된다.'는 아주 단순한 것이었다. 그러니까 우리가 흔히 말하는 '위기는 곧 기회'라는 당연한 논리를 그대로 따른 것뿐이었다. 위기는 상황을 어렵게 만들지만 의외로 일이 더 쉬워지는 장점을 갖고 있기도 하다. 다만 그 장점을 최상의 기회로 만들어 활용할 줄 아는 사람이냐, 아니냐 하는 것이 관건이다.

1998년 초겨울, 장충동 땅을 본 순간, 나는 마치 첫사랑을 만난 것 같은 설렘으로 온몸에 전율을 느꼈다. IMF 바람만큼이나 차가운 바람이 소매 속을 들락거렸지만 몸에선 열이 날 정도로 흥분이 됐다. 경매로 넘어갈 뻔했던 땅이라서 저렴한 비용으로 매입할 수 있었고, 대학가라는 장점도 내겐 더할 나위 없이 좋은 조건이었다. 그렇게 매입을 마치고 나자 정말 그림처럼 머릿속에 설계도가 그려지기 시작했다. 그것은 경제상황을 염두한 거시적인 안목과 거주자들을 고려한 미시적인 예지력을 총동원해야 하는 일이었다.

가장 먼저 장충동이라는 입지를 분석하고 그 안에 살고 있는 사람들의 분포도를 분석했다. 그러고 나서 나 자신에게 이렇게 질문을 해보았다. '내가 만약 경기침체와 구조조정, 취업난의 위기에 처해 있다면 과연 무엇을 했을 것인가?'

나라면 각종 자격증이나 취직시험을 위해 공부를 했을 것 같았다. 동국대학교 주변이라는 지리적 상황을 고려해 고시원을 짓는다면 충분히 승산이 있었다. 번화가와 가깝게 위치한 곳이라는 것도 커다란 메리트였다. 그렇게 나는 무엇을 지어도 안 될 것 같다는 그곳에 고시원을 지었다.

총 30억 원의 공사비를 투자해 장충동에 지은 고시원 건물은 50억 원의 부가가치를 가져왔다. 건물 완공 후 보증금과 임대료를 받았기 때문에 공사비를 빼고도 20억 원의 순이익을 본 셈이었다. 물론 그보다 더한 이익과 가치를 얻은 것이 있다면, 내가 지은 고시원이 서울시 중구에서는 가장 크고 시설 좋은 고시원이라는 명성을 듣게 된 것이었다.

고백하건대 나 역시 처음부터 땅을 보는 안목이 있었던 것은 아니다. 멋모르고 상경해서 건축 일을 하다가 접하게 된 땅들은 막막함 그 자체였으니까 말이다. 나에게 땅은 그래서 언제나 세 가지 의미로 점철된다. 첫 번째는 초년시절의 막막함으로, 두 번째는 그 막막함이 기회가 되어 벌게 된 돈으로, 세 번째는 무한한 꿈을 가진 미래의 또 다른 이름으로 말이다.

땅을 보면 그 땅에 살고 있는 사람들이 보인다. 우리나라는 땅값과 집값이 워낙 천차만별이고 다양하기 때문에 그곳에 살고 있는 사람들의 성향과 연령대와 수준을 동시에 파악할 수 있다. 땅을 보고 그 땅에 살고 있는 사람들을 파악하면 그들이 무엇을 필요로 하는지를 알 수 있게 된다.

그러므로 땅은 아무것도 아니기도 하고 특별한 무엇이기도 하다. 즉 그 땅에 어떤 의미와 목적을 부여한 건물을 짓느냐, 혹은 최적의 매출을 올릴 수 있는 건물이냐, 아니냐에 따라 아무것도 아닐 수도 있고 특별한 무엇이 될 수도 있다는 것이다. 이런 까닭에 나는 부동산에 관해 자문을 구하는 많은 사람들에게 이렇게 말을 한다. 땅 너머 땅의 부가가치를 바라보라고…. 그리고 그것을 직시할 줄 알아야 한다고, 그래야 그 땅이 가진 진정한 가치를 알 수 있는 거라고 말이다.

특히 음식점 출점을 앞둔 예비점주들에게 '음식점의 크기보다는 입지의 조건을 더 우선시하라.'고 강조하는 이유도 바로 거기에 있다. 설령 음식점의 크기가 작다고 하더라도 입지가 좋은 곳이라면 성공할 확률이 훨씬 높기 때문이다. 음식점은 크기가 중요한 게 아니라 자리가 좋아야 한다.

그런 입지의 중요성 때문에 나는 간혹 부동산 규제를 받고 있는 곳을 권고하거나 남들이 일부러 피하는 지역을 추천하기도 한다. 그리고 그곳에 직접 가서 한번 돌아다녀보라고 말한다. 사람들이 피하고 규제하는 것에는 분명한 이유들이 있겠지만 그 이유들 너머의 장점을 적극적으로 활용한다면 몇 배나 더한 득을 취할 수 있기 때문이다.

사람을 보라 상권이 보인다

03 사무실 밀집지역에 샐러드 장사는 NO

상권을 파악하려면 그보다 먼저 사람을 파악해야 한다. 주 고객층이 어떤 사람들인지 어떤 음식을 즐겨 먹는지, 어느 시간대를 이용하는지 제대로 알아야 상권을 정확하게 파악할 수 있기 때문이다.

예를 들어 그곳이 중·고등학교 지역인지, 사무실 밀집지역인지, 아파트 밀집지역인지, 대학가인지, 역세권인지를 알아야 어떤 음식점이 그곳에 맞는지 알 수 있다는 애기다. 그리고 업종과 형태를 결정짓는 데 훨씬 더 용이해질 뿐만 아니라 명당을 고를 확률도 더 높아진다.

명당이란 주변상권이 활성화되었을 뿐만 아니라 잠재고

객을 많이 흡수할 수 있는 업종들이 많이 분포되어 있는 곳을 의미한다. 일반적으로 역세권이나 대학가 상권, 관광지, 쇼핑가 등을 꼽을 수 있으며 대학가 정문 500m 이내, 버스 정류장 반경 50m 이내, 5000세대 이상 아파트 단지, 10층 이상 사무실 전용건물 지역 등이 포함된다.

그렇게 상권이 파악되면 업종과 업태를 보다 쉽게 결정할 수 있게 된다. 예비점주들이 결정해야 할 여러 가지 것들 중에서 특히 업태는 사람과 아주 밀접한 관련이 있다. 업태란 결국 어떤 사람에게 어떤 음식을 얼마에 팔 것인가, 하는 구체적인 목적이기 때문이다. 이러한 목적이 원활하게 달성되기 위해서는 무엇보다 그 상권 내의 인구 유동성을 조사할 필요가 있다.

상권 내에 거주 또는 근무하는 사람을 중심으로 인구의 유동성을 조사하되, 거주나 근무가 아니더라도 그곳을 이용만 하는 고객들까지도 조사 대상에 포함시켜야 한다. 그리고 더 나아가 그 고객들의 활동범위까지 조사하면 더욱 좋다. 이때 도보로 5~10분 이내의 거주자 혹은 이용자를 제1

고객으로 정하고, 10분~15분 이내를 제2고객으로 정해 그들의 생활수준과 경제인구 등을 파악해 놓아야 한다. 그 사람들이 바로 잠재고객이기 때문이다.

또한 1일 차량 통행량이나 유동인구수, 경쟁점 조사도 구체적이고 세밀하게 해야 한다. 이 모든 요소를 동시에 바라볼 수 있는 조사와 각각을 나누어 분석하는 조사도 필요하다. 그래야 좀 더 정확한 결과를 얻을 수 있기 때문이다.

이러한 분석을 위해서 동사무소나 구청 혹은 정보지나 인터넷 등을 이용하면 편리하다. 대학가라면 대학교 측에 의뢰해 학생 수를 알아 두고 지하철 역 주변이라면 역무실에 자료를 요청하면 된다. 중 · 고등학교가 있는 지역이라도 마찬가지다. 귀로 듣고 서면으로 파악하는 것도 중요하지만 직접 확인하고 판단하는 정보가 더 중요하다는 것은 이미 앞서 말한 바 있다. 백문이 불여일견이라고 했다.

동네 구석구석이 완전히 파악될 때까지 발품을 팔고 돌아다녀야 한다. 내 눈으로 직접 보고 판단하는 것만큼 확실한 것은 없다.

사무실 밀집지역의 경우, 그 사무실의 업종과 남녀 비율 등을 조사하고 만약 점심 시간대 매상에 주력하는 음식점이라면 회사원들의 입맛에 적합한 메뉴 선택과 개발에 각별히 신경을 써야 한다. 회사원들의 고정적인 수입을 감안해 합리적인 객단가를 책정하는 것도 빠뜨려서는 안 될 중요한 사항이다. 객단가라는 것은 한 사람의 고객이 소비하는 평균 구매액을 말한다. 예를 들어 중국집에 자장면 한 메뉴만 있다면 그 가격이 바로 객단가가 되는 것이다. 하지만 군만두 같은 사이드 메뉴가 있어 고객이 그것을 같이 시킨다면 그 두 가지 가격의 합산이 객단가가 되는 것이다.

주택 밀집지역이라면 아파트인지 일반 주택인지도 조사해야 한다. 그리고 신세대 위주 지역인지 아니면 연령대가 높은 사람들이 많이 사는 지역인지 등의 사람 중심 조사도 같이 이루어져야 한다. 각 세대별 가족 구성원 수가 몇 명인지도 파악해 두어야 한다. 왜냐하면 주거형태와 세대 및 가족 구성원 수는 상권 이용 고객 수를 미리 짐작하는 데 중요한 참고자료가 되기 때문이다.

그렇게 어떤 사람들이 살고 있는 지역인지를 파악하게 되면 영업일수를 판단할 수 있게 된다. 최근에 5일제 근무가 확산되면서 사무실 밀집지역보다는 주택 밀집지역의 상권이 더 발달하게 된 것도 사람에 따라 상권이 변하는 것을 입증하는 사례다.

이러한 파악이 끝나고 나면 비로소 그 지역이 주간상권인지 야간상권인지 예측할 수 있게 된다. 시간대와 상관없이 고정적으로 매상이 올라가는 지역과 항상 유동 고객만 왕래하는 지역도 있다. 어떤 사람들이 살고 있고, 모여들고, 지나가는지를 정확하게 분석하면 자연스럽게 상권도 분석할 수 있게 된다.

2년 전쯤 고향 선배 한 분이 나를 찾아온 적이 있었다. 은행에서 오래 근무하다 퇴직을 한 케이스였다. 선배는 그때 당시, 강남역 부근에 한창 붐을 타고 우후죽순 생겨나고 있던 죽집을 내고 싶다고 했다. 나는 그쪽 상권 내에서의 죽집은 승산이 없으니 다른 업종을 찾아보라고 얘기했다. 그러면서 회사원들이 많은 지역이므로 점심메뉴 위주의 한식

장사를 할 것을 권고했다.

얼마 후 선배는 크고 좋은 점포를 계약했다며, 유동인구가 많은 구역이기 때문에 장사가 안 될 염려는 없다는 말을 했다. 마침내 출점을 하고 6개월 동안 그럭저럭 매출을 올리는가 싶던 죽집은 결국 문을 닫고 말았다. 불철주야 열심히 일을 했지만 노력한 보람도 없이 계속 적자를 봤던 모양이었다.

죽집 같은 경우, 규모가 크거나 인테리어가 화려한 점포보다는 작고 아담한 곳이 더 낫다. 사무실 밀집지역보다는 병원 앞이나 주택지 근처가 장사가 더 잘 된다. 선배 같은 경우는 사람을 파악하지 못하고 그로 인해 상권 분석까지 실패한 안타까운 케이스였다.

음식점 입지는 두 가지로 분류된다. 하나는 '입지중심형'이고 다른 하나는 '지역중심형'이다. 전자는 유동인구가 많고 주변 상가가 활성화된 곳을 가리키고, 후자는 유동인구는 거의 없지만 시간을 들여서라도 고객이 찾아오는 상권을 말한다. 두 입지 유형을 좀 더 세분해 보자면 입지중심형은 고객들이 다른 여타의 조건들보다 음식에만 집중하는 현상을 보인다. 그러므로 이 유형의 특징은 싸고 맛있는 음식이여야 하며 고객층도 주로 대중교통을 이용하는 학생, 회사원 등이 주를 이룬다. 대신 고정고객보다는 단순고객이 더 많은 편이다. 이에 비해 지역중심형은 단순히 음식을 먹기 위해 찾아오는 고객보다 즐기기 위한 고객이 더 많다. 그렇기 때문에 음식뿐만 아니라 음식점의 분위기, 서비스에 더 초점을 맞추는 성향이 있다. 다시 말해 고정고객의 수가 압도적이라는 것이다.

이 두 유형의 차이점은 앞에서 설명한 그대로 '음식이냐, 음식이 아니냐.'로 간단하게 설명될 수 있다. 음식에만 집중해야 하는 입지일 경우, 맛과 가격으로만 승부하면 되지만 음식이 아닌 경우, 음식은 물론이고 레저의 의미도 함께 고려되어야 한다.

음식업은 아무리 입지가 좋은 곳이라고 해도 어떤 음식을, 무슨 형태로, 어느 계층의 사람들에게 파느냐에 따라 성격이 달라질 수 있다. 일반적인 확률상, 미혼 남성들이

미혼 여성들보다 외식을 자주 하는 것으로 알려져 있다. 이밖에 노년층 부부보다 신혼부부가, 자녀가 있는 가정보다 자녀가 없는 가정이 외식을 할 확률이 더 높다.

상주고객이 아닌 유동인구를 조사할 경우, 그들의 성향 파악도 중요하다. 유동인구의 주 상권을 파악하는 것도 중요하지만 주 상권을 벗어나 부 상권으로 유입되는 고객들의 동선도 주시해야 한다. 동선에 포함된 점포들을 조사하고 가격대와 상품의 종류 등도 파악해 두어야 한다.

예를 들어 고시촌 밀집지역에서 한우 고깃집을 운영한다면 높은 매상을 올리기 힘들 것이다. 반대로 사무실 밀집지역에서 샐러드나 아이스크림을 판매하는 것도 그다지 바람직하지 않다. 사람과 상권이 매치가 되지 않는 것을 고려해야 할 뿐만 아니라 시간대별로 메뉴가 맞는지도 참작해야 한다. 아파트 밀집지역에서 대낮부터 갈비가 잘 팔릴 확률도 희박한 일이기 때문이다.

아파트 밀집지역은 그 특성상 배달 음식 위주의 점포가 알맞으며, 외식을 하러 갈 때는 기분을 즐기려는 사람들이 많기 때문에 그 지역에서 대 규모 음식점을 출점하는 것은 어울리지 않는다.

음식점을 경영하기에 앞서, 상권분석은 필수적인 것이지만 그보다 먼저 필수적인 것은 바로 사람분석이라는 것을 명심해야 한다.

상권을 보라 성공이 보인다

04 임대료가 비싼 곳이 입지도 좋을까?

상권은 살아 있는 생물체와도 같다. 계속해서 생성되고 성장하고 혹은 쇠퇴하며 변화하는 것, 그것이 바로 상권이다.

상권은 잠재고객과 신규고객은 물론, 경쟁점까지 고려한 지리적 범위를 말하는 것이기 때문에 예비점주들에게 있어서는 첫 번째 도구이자 무기인 셈이다. 도구와 무기를 어떻게 사용하느냐에 따라 음식업의 성패가 좌우되는 것이니 철저한 상권분석이 이루어져야 한다.

상권을 파악하려면 부분적이고 개별적인 흐름과 통괄적이고 전체적인 흐름을 함께 읽어야 한다.

출점하기 전, 자신이 평일 매출만 고려할 것인지 주말 매출까지 고려할 것인지, 아니면 평일과 주말 모두를 공략할 것인지를 결정해야 하는 일 등은 전자에 해당하는 흐름이다.

가령 비교적 젊은 층이 많이 몰리는 홍대 앞이나 명동, 강남역 쪽은 주말에 매출이 올라가는 상권이지만 사무실이 많은 여의도나 관공서 밀집지역은 주말에 거의 매출이 올라가지 않는 상권이라는 것을 염두하는 일 등이다.

반면 그린벨트 해제지역, 대단위 아파트지구 건축에 따른 상권분석 등은 후자에 속하는데, 이는 많은 인구 이동이 예상되고 거기에 따른 상권의 맥도 크게 형성되기 때문에 후자에 속한다고 볼 수 있다.

음식업은 입지산업이라고 할 정도로 입지에 아주 큰 영향을 받는 업종이다. 소위 명당이라고 불리는 상권은 그 위치만으로도 득을 볼 수 있지만, 그런 위치일수록 비싼 임대료와 투자비를 들여야 하기 때문에 무조건 권유할 수도 없는 노릇이다.

임대료가 비싼 곳이라고 해서 반드시 좋은 입지도 아니고 반대로 싼 곳이라고 해서 나쁜 곳이라고 쉽게 단정 지을 수도 없다.

같은 강남권이라도 삼성동이나 역삼역 쪽에는 주말 매출이 평일의 3분의 1 수준이며 주말의 같은 시간대 대학가라도 교대역 앞은 수시로 북적거리는 홍대 앞과는 비교할 수 없을 만큼 한산하다.

이러한 현상은 집객시설의 분포도와도 관련이 있으므로 점포를 얻기 전 어떤 사람들이 모여드는 곳인지 파악하고 어떤 상권을 택하는 것이 유리한지 예측하는 것이 좋다.

상권을 예측하기 위해서는 사람의 흐름이 어떤 식으로 변화할지 미리 판단할 수 있어야 한다. 그리고 그 흐름에 따라 어떤 라인이 그려질지 파악해야 한다.

예를 들어, 연신내의 경우 일산에 새로운 아파트 단지가 들어서면서 사람들의 흐름이 형성되고 이후에 상권이 발달된 케이스다.

경제적인 사정으로 일산에 유입되지 못한 인구가 모래내

에 형성한 상권은 꽤나 큰 것이었다.

상권의 조건은 결국 인구의 흐름과 밀접한 관계가 있다는 증거다.

■ 상권 분석 요령

1. 무조건 발품을 팔아라

음식점을 출점하기 위해서는 일단 많이 듣고, 많이 보고, 많이 걸어 다녀야 한다. 이중에서도 가장 중요한 한 가지를 꼽으라면 많이 걸어 다니는 것이다. 눈으로 직접 보고 발품을 팔다 보면 이제까지 그냥 단순하게만 보이던 땅이 다른 각도, 다른 입지로 보이기 시작한다. 도보로 지나가는 사람들은 몇 명인지, 자전거가 더 많이 지나가는 지역인지, 자동차가 더 많이 지나가는지, 주부들이 많은지, 청소년이 많은지 등을 분석 할 수 있게 되고 거기에 따른 유입, 유동 인구가 머릿속에서 자연스럽게 그려질 것이다. 다시 말해 조금 더 범위를 넓힌 시각으로 사람과 땅을 바라볼 수 있게 된다는 것이다.

발품을 팔며 돌아다니다 보면 피부에 와 닿는 상권범위를 분석할 수 있게 되는데 프랜차이즈와 일반 분식집의 범위에 차이가 있다는 사실도 이때 알게 될 것이다. 프랜차이즈의 경우, 고객의 방문 횟수가 비교적 낮은 편이므로 상권 범위를 넓게 잡아야 하지만 그렇지 않은 작은 점포일 경우, 고객의 방문 횟수가 빈번하므로 상권범위를 좁게 잡아도 된다.

희망하는 점포를 중심으로 경쟁점이 상권범위에 속해 있다면 그곳의 약도를 그리고 업종과 메뉴, 가격, 고객 수 등을 함께 조사한다. 보다 정확한 결과를 위해서 상권과 입지, 업종, 인구를 개별적으로 나누어 조사하는 방법과 병행해서 조사하는 방법, 두 가지 모두를 실시해야 한다.

나는 지금도 음식점에 들어가 식사를 하게 되면 점주들이나 종업원들에게 말 걸기를 좋아한다. 세상 교육 중에 발품 팔아 얻는 교육만큼 알차고 다양한 것은 없다고 생각하기 때문이다. 그들의 삶과 음식에 대한 이야기를 듣다 보면 어느새 내 머리는 정보로 흐뭇해지고, 가슴은 열정으로 뜨거워진다. 음식업의 초보자든 혹은 고수든 부딪쳐서 얻는 것만큼 나 자신을 만족시키는 것은 없다.

2. 시간대별 분석이 얼마나 중요한가

조금 더 구체적인 데이터가 필요하다면 관공서에서 제공하는 정보를 이용하면 된다. 시청 · 구청이나 통계청, 소상공지원센터를 찾아 자료를 열람하거나 자료를 얻는 방법도 있다. 하지만 이것은 한계가 있을 수 있으므로 참고하는 수준에 머물러야 한다. 요즘 회사들은 격주제나 토요휴무가 많기 때문에 과거와 같은 방식으로 상권을 분석해서는 안 된다는 것도 명심하라. 학생들이 등교를 하는 토요일인지 아닌지에 따라서도 매상에 많은 차이를 보인다. 유동인구수가 아무리 많아도 자신의 점포와 상관없는 고객일 수도 있기 때문에 자신의 점포를 찾을 만한 고객 수를 파악해야 하는 것도 중요하다.

무슨 음식을 파느냐에 따라 고객들의 이용 시간대나 고객층도 달라진다. 시간대별로 조사하는 것은 음식점 경영에서 아주 중요한 요소인 영업시간과 직결되는 것이므로 꼼꼼하게 체크해야 한다. 차량 통행량을 조사할 때는 주 고객층이 누가 될 것인가를 미리 고려해서 그 부분에 대해 집중적으로 조사하도록 한다. 비나 눈이 올 경우, 날씨가 맑은 경우 등에 따라서도 유동인구수가 달라지기 때문에 분석표에 꼼꼼히 기록해놓는 것이 좋다.

3. 유동인구가 많은데 장사는 안 되고

희망하는 점포 앞의 차량 통행량과 유동인구수를 조사하는 것은 예상고객을 가늠하기 위해서다. 유동인구수를 그래프로 그려 날짜별, 성별, 연령별로 적어도 2주 정도 분석해야 한다. 발달된 상권이거나 사무실 밀집지역의 경우, 유동인구수의 0.6~0.8% 정도의 고객을 예측할 수 있다. 역세권일 경우, 역 반대편 쪽보다는 역 쪽이 훨씬 유리하다. 사람들은 심리적으로 우측을 선호하는 성향이 있으며 유턴이나 길을 건너는 것을 싫어한다.

통행량이나 유동인구가 많다고 해서 반드시 음식점이 성공하는 것은 아니다. 이 두 가지 조건이 모두 충분하지 않은 상황에서도 잘 되는 음식점들이 얼마든지 있기 때문이다. 문제는 부족한 조건들을 무엇으로 보완하고 충당하느냐 하는 것이다.

대부분의 경우 도보로 10분 이내 거리에 있는 음식점일 경우, 상권으로서는 유리한 입지에 있다고 볼 수 있다. 다시 말하면 동선이 좋은 곳이 유리하다는 것이다.

동선이 좋은 곳이란 쉽게 시야에 들어오고 용이하게 도착할 수 있는 곳을 말한다. 맛이 없다, 있다, 하는 문제는 고객이 그 음식점의 문을 열고 나서의 문제다.

4. 경쟁점보다 더 나은 점포 만들기

창업을 준비하는 예비점주들이 가장 결정하기 힘든 부분 중에 하나는 바로 어떤 업종을 선택하느냐 하는 문제일 것이다. 이즈음엔 너무 많은 조언과 정보를 접하게 되는 탓에 점주들의 판단이 흐려질 수도 있다. 그렇게 혼돈이 오는 이유는 잘 된다는 소문만 퍼지면 우후죽순처럼 생겨나는 점포들 때문이다. 그것이 바로 예비점주들의 눈을 가리고 귀를 막아버린다.

결국 그렇게 우후죽순처럼 생겨난 점포들은 나눠먹기식 장사를 할 수밖에 없다. 경쟁도 치열해지고 견제도 더욱 심해지지만 그렇다고 해서 의기소침해질 필요까지는 없다. 경쟁점보다 더 나은 점포를 만들면 되니까 말이다.

경쟁점보다 더 나은 점포를 만들려면 경쟁점의 상황을 내 점포 보듯 꿰뚫고 있어야 한다. 메뉴와 가격은 물론, 서비스의 질, 종업원들의 교육상태, 점포의 위생상태, 주 고객층, 나아가 점주의 성향까지 세밀하고 꼼꼼하게 말이다. 상대를 알면 아는 만큼, 나의 수고는 덜어지는 것이다.

5. 망한 음식점에서 찾는 성공 포인트

폐점한 음식점을 주시하라!

상권분석에는 정석이라고 불릴 만한 몇 가지 원칙들이 있다. 하지만 그렇다고 해서 예외가 없는 것은 아니다. 가령 입지는 좋은데 업종과 맞지 않아 망한 음식점들이 그런 경우다.

새로운 각오와 다짐으로 출점을 하는 점주들에게 폐점의 전적이 있는 음식점을 권한다는 게 개운치 않은 것은 사실이지만 꼭 그렇게 생각할 것만도 아니다. 알맞은 업종으로 입지의 장점을 최대한 살릴 수 있는 자신감만 있다면 충분히 승산이 있다.

■ 사무실 밀집지역

☞ 설렁탕, 감자탕, 도시락집, 중국집, 해장국집

■ 아파트 밀집지역

☞ 피자집, 돈까스집, 보쌈집, 치킨집 등 배달 전문점

■ 역세권 지역

☞ 분식집, 햄버거, 찜요리 전문점

■ 교외 지역

☞ 민물고기, 장어집, 한정식, 닭 · 오리 전문점

프로의 기술

생각을 바꾸면 프로가 된다

자기 자신을 프로로 만들어라

01

대추나무 두드리듯 나를 두드리자

사람들은 말한다. 세상 장사 다 망해도 먹는 장사는 안 망한다고…. 사람들은 또 말한다. 하다 하다 안 되면 먹는 장사를 하라고…. 맞는 말일 수도 있겠지만 이런 말처럼 무책임한 말이 또 있을까 싶다. 나는 세상에서 가장 까다로운 장사가 먹는 장사이고, 가장 많은 에너지를 소비하게 하는 장사가 바로 먹는 장사라고 생각한다. 그 일만큼 프로정신을 요구하는 장사가 없으며 성공하기 힘든 장사도 없다.

몇 년 동안 준비를 하고 음식점을 출점하겠다며 상담을 의뢰해오는 사람들에게 내가 딱 한 가지 묻는 게 있다. "다섯 시간 걸리는 메뉴가 하나 있는데 그것을 한번 해보는 게 어떻겠냐고….”

내 질문을 들은 사람들의 반응은 두 가지로 나뉜다. 두 눈을 동그랗게 뜨고 고개를 설레설레 흔들며 ‘그렇게 오래 걸려서 메뉴 하나를 내놓는 장사라면 포기하겠다.’고 하는 사람이 절반이고, 설령 그렇더라도 짧은 시간 내에 돈만 많이 번다면 얼마든지 해보겠다고 말하는 사람이 절반이다.

그럼 나는 얼마든지 해보겠다는 사람들에게 다시 묻는다. “돈은 많이 벌지 못합니다. 대신 고객들에게 아주 맛있는 음식을 대접할 수는 있습니다. 어떻게 하시겠습니까?” 내가 말을 마치자마자 사람들은 ‘내가 미쳤냐?’

하는 표정으로 슬슬 일어설 준비를 한다.

내가 그렇게 짓궂은 질문을 하는 이유는 그들에게서 프로 근성을 엿보고 싶기 때문이다. 프로가 어디 근성만 가지고 되는 일이던가! 하지만 나는 음식장사에게 그런 근성은 필수라고 생각한다. 그렇지 않고는 성공도 하기 전에 나가떨어질 게 뻔하기 때문이다. 빈틈없는 준비와 막강한 근성으로 무장을 해도 배겨내기 힘든 것이 바로 음식장사다.

음식장사는 단순하게 음식을 만들어서 돈을 받고 파는 일이 아니다. 표면적으로는 그렇게 보일지 모르지만 그 과정에 수많은 것들이 숨겨져 있는 진짜 프로세계다. 다시 말해 '프로'가 되는 길만이 음식장사에서 살아남는 유일하고도 최선의 길이라는 얘기다.

음식장사에서 프로가 되는 기술은 누가 가르쳐 주는 것도 아니고 교육을 받아서 되는 일도 아니다. 그렇다면 어떻게 해야 음식장사에서 프로가 될 수 있을까?

처음부터 프로인 사람은 없다. 프로는 만들어지는 것이다. 아주 철저하게 자기 자신이 만들어 가야 한다. 그렇지 않고서는 원하는 분야에서 결코 최고가 될 수 없다. 프로의 자리는 실패한 사람들의 자리가 아니라 성공한 사람에게만 주어지는 자리다. 프로는 그 자리까지 오르기 위해 뼈를 깎는 아픔과 피나는 노력을 견딘 사람들만의 계급인 것이다. 그래서 프로는 다른 것이다.

프로가 아마추어와 다른 점은 실수를 용납하지 않는다

는 것이다. 그리고 자신과 자신의 일에 철저하게 책임을 진다는 것이다. 쉽지 않은 일이다. 이름이나 계급이 어디 그렇게 쉽게 얻어지는 것이냐 말이다. 대신 어떤 한 분야에서 프로가 되고 나면 다른 분야에 대해서도 충만한 의욕으로 즐겁게 일을 할 수 있다는 장점이 있다. 바로 '자신감' 때문이다.

자신감을 갖는다는 것은 그만큼 자기 자신에 대한 믿음을 갖는다는 것이다. 무슨 일을 해도 중도에 포기를 잘한다거나 능력이 따라주지 않아 낭패를 보는 일이 잦다면 결국엔 자기 자신을 믿지 못하게 된다. 그렇게 해서 느끼는 실망감은 타인에게서 느끼는 실망감과는 굉장한 차이가 있다. 왜냐하면 타인은 일생 동안 나를 따라다니며 영향을 끼치지 않지만 나 자신은 그렇지 않기 때문이다. 무엇을 해도 사사건건 나의 모든 것에 영향을 끼치며 따라다니게 된다.

프로가 되는 기술은 의외로 간단하다. 자신감을 가지면 된다. 자신감을 갖기 위해서는 나 자신을 믿어야 하며 나 자신과 맺은 약속은 철저하게 지켜야 한다. 그것은 자신에 대한 믿음을 키워감과 동시에 단단히 다져가는 것이다. 그래서 자신감이 인생 전반의 베이스 퀄리티가 되게 해야 한다. 그러한 베이스 퀄리티를 고부가가치 퀄리티로 변화시키는 요령은 자신의 가치를 높이는 것이다.

다짐과 맹세를 자기 자신에게 끊임없이 주문함으로써 마인드 컨트롤을 하는 것도 자신감을 갖는 좋은 방법이다. 가령 '공무원 시험에 꼭 합격하겠다.'라던가, '천만 원짜리 적금을 들어 열심히 저축을 해야겠다.'라던가. '줄넘기 100개를 채우고 나서 그 다음엔 150개에 도전해보겠다.'라던가. 하지만 어떠한 약속을 하던 그것을 지키지 않으면 아무 소용이 없다.

중국의 고전인 도덕경에 보면 귀생(貴生)과 섭생(攝生)에 관한 내용이 나온다. 생(生)을 너무 소중하게만 생각하면 오히려 그 생이 위험해질 수 있고 생(生)을 통제하면 더 아름다워질 수 있다는 논리다. 내 자신의 삶이 귀하다고 느껴진다면 편하고 안락한 것만 추구해서는 결코 행복해질 수가 없다. 대추나무를 두들겨 주는 이유를 아는가? 그렇게 해야만 자극을 받아 긴장을 하게 되고 해거리를 안 하면서, 더 많은 열매를 수확하기 때문이다.

하루에도 몇 번씩 나를 담금질하는 일, 그것은 바로 내 안의 대추를 더 많이 열리게 하는 방법임을 깨달아야 한다. 그러니 끊임없이 자신을 두들겨라! 그것이 바로 프로가 되는 길이다.

우리가 너무나 잘 알고 있는 디즈니랜드의 우상 월트 디즈니는 매일 아침 사무실에 도착해 자신과의 약속을 담은 계획표를 마주하고 다짐을 했다고 한다. 그리고 그날의 약속이든, 그 다음 날의 약속이든, 일주일 혹은 한 달 후의 약속이라도 자신과 했던 약속은 무슨 일이 있어도 반드시 지켰다고 한다.

단 몇 분도 헛되게 보내는 일이 없었던 그는 항상 아이디어와 캐릭터를 생각하거나 그것을 위해 자신이 무엇을 실행해야 할지 구상하고 실천하는 데 시간을 할애했다고 한다. 그런 담금질이 결국 그에게 자신감을 갖게 했고 인어공주, 피노키오, 곰돌이 푸우 등 전 세계 캐릭터 시장 점유율 50%

나 되는 수많은 캐릭터들을 탄생시켰으리라.

나의 경우는 뚝심과 고집을 방패삼아 자신감을 갖은 쪽이다. 2007년 개성공업지구 공사를 시작하면서 많은 어려움들이 있었지만 단 한 번도 할 수 없다는 생각은 하지 않았다. 늘 할 수 있다는 긍정적인 생각과 자신감이 있었다. 그 결과 아름다운 GVC는 지금까지 유수의 대기업들과 어깨를 나란히 하며 탄탄한 자리매김을 하고 있다.

2009년 현재, 우리나라 건설회사들이 한창 공사를 진행하고 있는 개성공업지구는 총 2,200만 평 규모로 여의도의 22배나 되며 노동자 수만 5만여 명에 이른다. 북한 땅에서 이루어지는 공사치고는 실로 어마어마한 규모가 아닐 수 없다. 나무도 새도 살지 않는 불모지에 서서, 과연 내가 이 공사를 끝까지 해낼 수 있을까? 하는 두려움이 들지 않았다면 아마도 그것은 거짓말일 것이다.

하지만 2007년 6월 15일, 난생 처음 밟았던 북한 땅을 뒤로 하고, 서울로 돌아오면서 나는 '가능성'이 내게 얼마나 크나큰 힘이 되는 것인지 새삼스럽게 깨달았다. 뚝심과 고

집이 있었기에 '가능성'을 생각할 수 있었고, 그 힘에서 나는 자신감을 얻을 수 있었다.

프로가 아름다운 이유는 자신감이라는 보석이 그들의 온몸을 휘감고 있기 때문이다.

02

도둑질하지 마라

노력과 정성을 저축하는 준비통장을 만들자

사람들은 모두 돈을 벌고 싶어 한다. 하지만 돈을 버는 방법은 모두 각양각색이다. 그리고 돈을 벌기 위해 준비하는 모습도 다르다. 누구는 짧은 기간 동안 준비를 하고 돈을 벌 수도 있고 또 누구는 몇 년간 준비를 한 뒤에 비로소 돈을 벌 수도 있다. 하지만 그 어느 경우든 확실한 것은 반드시 준비를 해야 한다는 것이다. 준비는 우리가 겉옷을 입기 전 속옷을 입는 것과 똑같다. 속옷을 입지 않고 겉옷만 입을 수도 없고 겉옷을 속옷 속에 입을 수도 없다. 속옷은 반드시 겉옷을 입기 전 입어야 하는 필수 과정이다.

간혹 준비 단계를 전혀 거치지 않고 음식점 출점을 하는 사람들을 만날 때가 있다. 생각하기에 따라서는 헛된 고생을 건너뛰고 일찌감치 자리 잡아 장사에 매진한다면 아무런 문제가 없을 것이라고 생각하겠지만 그건 그렇지가 않다.

실제로 주방일과 서빙일, 식자재 구입에 전혀 경험이 없는 점주가 음식점을 경영하면서 종업원들에게 무시를 당하는 사례들을 종종 접할 수가 있다. 그런 일이 발생하면 점주는 점주대로, 종업원은 종업원대로 힘들어진다. 그러므로 음식점을 출점하기 전에 준비를 하는 과정은 나 자신을 위한 일이기도 하지만 넓은 의미로 볼 때 종업원과 고객을 위하는 길이기도 하다는 것을 명심하라. 준비하지 않고 단시간에 얻은 결실은 또 그렇게 단시간에 허물어지고 만다.

누구나 하기 쉬운 장사가 음식장사라면 새로 출점한 음식점들 중에 고작 1년을 넘기는 비율이 왜 70% 밖에 되지 않겠는가? 그나마 70% 중에서도 성공할 확률은 20% 내외라고 한다. 하지만 그럼에도 불구하고 음식장사는 여전히 사람들에게 쉬워 보이고 만만해보이는 모양이다. 내가 보기엔 가장 망하기 쉽고 실패하기 쉬운 장사가 바로 음식장사인데 말이다.

내가 아는 사람들 중에 음식점을 경영하다가 망한 케이스들을 조사해보니까 준비가 미흡해서 그런 경우가 절반 이상이었다. 그런 점주들에게 꼭 해주고 싶은 말이 있다. '목표를 정하고 준비하지 않는 사람은 도둑질하는 사람과 같다.'는 말이다. 아무 노력도 하지 않고 결과만 탐내는 것은 도둑질과 다를 바가 없다는 뜻이다.

음식점을 출점하기 전, 준비를 하는 과정은 마치 통장에 돈을 집어넣는 과정과 같다고 생각하라. 일명 준비통장이다. 이 통장의 특징은 일반통장에 비해 꽤 높은 이자를 받는다는 것이다. 한 가지 단점은 저축량이 눈에 잘 보이지 않는다는 것이다. 부단한 노력과 정성을 저축하고도 그것이 잘 보이지 않아 때로는 눈을 비벼 보는 일까지 생길 수도 있다. 감질나는 저축이다.

하지만 '준비'라는 이름의 저축은 결코 거짓말을 하지 않는다. 단지 안 보이는 것처럼 느껴질 뿐이지, 차곡차곡 쌓여가고 있다는 것을 잊지 마라. 그래서 때가 되면 그 통장이 복리 이자를 취해 가며 나를 이롭게 하는 복덩어리가 되어 돌아온다는 것을….

준비통장에는 조금 멀리 내다보고 저축하는 장기통장과 몇 분 뒤 혹은 몇 시간 뒤를 위해 준비하는 단기통장이 있다. 창업이나 전업을 위한 준비가 전자에 속한다면, 점심장사나 저녁장사를 위해 준비하는 것은 후자에 해당한다. 단기통장은 음식의 주재료나 부재료를 구입하고 초벌 조리를 준비하는 과정이다. 그러니까 장기통장이 조금 더 시간적인 여유가 있다면 단기통장은 긴장과 촉박함의 연속일 수 있다.

장기통장이든 단기통장이든 중요한 것은 절대로 서두르거나 조급해 하지 말아야 한다는 것이다. 준비통장에 노력과 정성을 저축하면서 그 과정 중에 부딪치는 일은 얼마든지 사서 해라. 부딪쳐가며 배우는 '준비'가 저축기간을 훨씬 단축시켜준다. 현장은 가장 훌륭한 스승이고, 가장 살아 있는 교육이며, 가장 완벽한 실습장이다.

도둑질이 가장 나쁠 때는 그것이 주변에 전염되고 대물림될 때다. 준비하지 않은 모습을 부끄럽게 여겨라. 나도 모르는 사이에 사방으로 전염되고 있으니….

준비하는 자에게 복이 오나니…. 성공은 하루아침에 오지 않는다. 씨실과 날실을 엮는 심정으로 준비해라. 그게 바로 프로를 만드는 낱줄이다.

절대로 만족하지 마라

03 변화무쌍한 능력을 끊임없이 담금질하자

성공에 공식이 있을까? 글쎄다. 모든 성공을 아우를 만한 단 하나의 공식이 과연 있을까 싶지만 그럼에도 불구하고 미국의 첫 여성 우주비행사였던 샐리 라이드는 성공 공식에 대해 이렇게 말했다.

'성공의 공식이 있다면 그것은 새롭고 진보된 것을 배우는 일, 새로운 정보를 재빨리 흡수하는 일, 그리고 좋은 인간관계를 유지하고 함께 일할 능력을 갖는 일이다.'

여기에 내가 한 가지 덧붙이고 싶은 공식이 있다면 '절대로 만족하지 말라'는 것이다. 인간은 적응의 동물이기도 하지만 만족의 동물이기도 하다. 그러므로 끊임없이 만족을 향해 정진하고 그러기 위해 살아간다. 그러한 욕구는 신이 주신 아주 특별한 선물이다. 좋은 곳을 향해 계속 정진하는 자세 말이다. 하지만 여기에도 복병은 숨어 있다. 어느 정도 만족의 기미가 보이면 그만 잡았던 긴장의 끈을 슬그머니 놓아버리고 싶어지는 심리, 신은 우리 몸속에 그런 심리도 선물과 함께 심어주셨다.

가끔 주변에서 아주 잘 나가던 사람이 가진 것에 만족하고 거드름을 피우다가 한순간에 망하는 것을 볼 때가 있다. 그 이유는 바로 쓸데없이 만족하기 때문이다. 그것이 자멸로 가는 직선도로라는 것을 그들 스스로가 깨닫지 못한 탓이다. 그럼 혹자는 쓸데 있는 만족도 있느냐고 반문을 할 것이다. 물론 쓸데 있는 만족도 있다. 그것은 한 발 더 나아가기 위해 자기 자신에게 용기를 북돋아주는 만족이다.

최근에 알게 된 '그때그때 달라요 메뉴'와 '내고 싶은 대로 메뉴'에 대한 얘기를 해볼까 한다. 소문을 듣고 일부러 찾아간 그 음식점은 한눈에도 허름해 보였지만 그곳을 오가는 사람들은 하나같이 입을 모아 그 일대에서 그만한 곳이 없다고 칭찬을 했다. 직접 캔 산나물이나 묵으로 만든 음식을 15년째 팔고 있다는 그 음식점에 들어가 보니 제일 먼저 눈에 띄는 것은 '그때그때 달라요 메뉴'판이었다.

사연인즉, 등산객들이 많은 그곳에서 일정 메뉴만 팔다 보니 가끔 그 메뉴 말고 다른 메뉴를 찾는 사람들이 생기더라는 것이다. 점주는 그 음식을 먹고 싶어 하는 고객이 그냥 돌아가는 것이 안타까워 그런 메뉴판을 걸어놓았노라고 했다. 닭볶음탕을 주문하는 사람, 생선회무침을 주문하는 사람도 있어, 항상 시장바구니를 옆에 두고 있다고…. 장보기는 점주의 남편이 주로 도맡아 하고 있었다.

"이렇게 하면 음식의 전문성이 떨어지고 고객에게 어필하지 못할 것 같은데요."라고 내가 말했더니 점주 왈, "그때그때 달라요 메뉴라고 해서 아무렇게나 성의 없이 음식을 준비하지는 않아요. 가장 싱싱한 재료로 가장 맛있게 준비를 하죠. 그럴 자신이 없었다면 이런 메뉴판을 걸지도 않았을 겁니다." 나는 점주에게 한 가지 더 질문을 했다. "이 정도로 장사가 잘된다면 굳이 그런 메뉴로 신경 쓰지 않아도 되지 않습니까?"

돼지고기 김치찜을 하기 위해서 장독대로 김치를 가지러 가던 점주가 내 쪽으로 고개를 돌리며 이렇게 말했다. "사람이 자기가 하는 일에 만족을 하면 망가지는 건 시간문제예요. 지금도 새벽녘까지 음식 만드는 연습을 하는 걸요. 그때그때 메뉴판을 계속 붙여놓으려면 그렇게 해야 돼요."

나는 그 음식점 점주의 웃음 띤 얼굴에서 '쓸데 있는 만족감'을 읽을 수 있었다. 그것은 자신감과 겸손함이 공존한 오묘한 것이었다.

얼마 전 영국에 '마음껏 드시고 내고 싶은 대로 내세요.'라고 마케팅을 하는 음식점이 있다는 기사를 읽은 적이 있다. 기발하다 못해 파격적인 그 마케팅을 보며 과연 장사가 잘됐을까, 하는 의구심이 들었다. 그런데 뜻밖에도 원래 음식값보다 더 많은 돈을 내고 가는 고객들 때문에 매상이 전보다 훨씬 많이 올랐다는 것이다. 심지어는 5파운드짜리 음식을 먹고 15파운드를 내고 가는 사람들도 있었다고 한다.

이 음식점의 점주는 런던에만 음식점을 여섯 개나 가지고 있는 피터 일리치라는 사람인데 한 달 동안 이런 마케팅을 펼친 결과, 평균 매주 1,100테이블이던 고객이 2,000테이블로 늘어났다며 자기 자신도 놀랐다는 것이다. 끊임없이 아이디어를 내고 거기에서 더 나은 무언가를 창출하고 담금질하는 사람에게 불황이나 위기는 아무 의미가 없는 단어라는 생각을 했다. 장사가 잘 되고 있는 상황인데도 결코 만족하지 않고 더 나은 메뉴나 아이디어를 개발해내는 정신, 그것이야말로 진정한 프로정신이다.

독일의 철학자 니체는 신이 없다고 했지만 나는 신은 분명히 존재한다고 생각한다. 그리고 아주 공평하신 분이라고 생각한다. 왜냐하면 신은 언제나 인간에게 능력이라는 밑천을 골고루 나눠주기 때문이다. 그런데 신이 나누어준 능력에 물을 주고 거름을 주어 잘 키우는 사람이 있는가 하면 그렇지 못한 사람들이 있다. 혹은 과거의 능력이 현재의 능력인 양, 한때의 업적이나 공로를 훈장처럼 내세우는 사람들도 있다. 그런 사람들에게는 이런 얘기를 들려주고 싶다. 능력은 현재형이지, 결코 과거형이 아니라는 것!

사랑은 변하는 것이라고 했나? 능력은 더더욱 잘 변하는 것이다. 어제의 능력에 만족하며 앉아 있다가는 조만간 아무것도 하지 못하는 퇴물 취급을 당할지도 모른다.

성공에 공식이 있다면 자멸에도 공식도 있다. 자멸하는 공식의 특징은 성공의 공식만큼 복잡하지도 않고 수가 많지도 않다. 만족하는 것! 그 한 가지다. 하지만 그 전파력은 대단해서 모든 것을 집어삼킬 수도 있다.

절대로 만족하지 마라!

만족하다가 자멸한 사람들의 명단을 적어두어라. 충분히 만족스러운 반면교사가 될 것이다.

끊임없이 능력을 시험하라

04

능력의 고무줄을 최대한 끝까지 늘여라

나는 사람의 능력은 고무줄이라고 생각한다. 의욕을 상실하고 의기소침한 사람에게서 생산되는 능력은 전혀 늘어나지 않는 고무줄과 같다. 가끔 '제 능력이 이것밖에 안 됩니다.'라고 푸념하는 젊은이들을 볼 때면 안타깝기 그지없는 것도 바로 이 때문이다. 자신이 가진 고무줄이 얼마큼 늘어날지 시도도 해보지 않고 그런 푸념을 한다는 것은 책망 들어 마땅한 일이다. 그들은 왜 자신의 능력을 늘리기 위해 에너지를 쏟지 않는 걸까?

내가 아는 한 음식점의 점주와 주방장은 시간만 나면 전국의 유명한 음식점들을 돌며 좋은 메뉴와 배울 점들을 습득하러 다닌다. 처음엔 그런 두 사람을 보며 왜 저러나 싶기도 했었다. 그렇게 돌아다니기 시작한 지 일 년 후쯤 두 사람 모두 양식조리사 자격증은 물론이고 일식과 복어조리사 자격증까지 따는 것을 보고 그제야 혀를 내두르고 말았다. 물론 그들이 조리사 자격증을 몇 개씩 따기 위해 그렇게 돌아다닌 것은 아니었다. 내가 놀란 것도 그것 때문이 아니었다. 그들의 식을 줄 모르는 능력 함양의 노력 때문이었다. 그 두 사람을 보고 있노라면 '당신은 음식을 만들기 위해 태어난 사람'이라고 칭찬해주고 싶을 정도로 존경스럽다. 발전은 가만히 앉아 있는 데서 이루어지는 것이 아니고, 발로 뛰어다니고 머리로 연구하는 데서 비롯된다. 왜 축구선수 푸욜의 명언도 있지 않은가! 오늘 걸으면 내일은 뛰어야 한다는…. 대부분의 사람들은 어느 정도 위치에 올라서고 나면 잠시 쉬고 싶어 한다. 내 능력은 이만큼이라고 변명도 하고 싶어진다. 게다가 세상도 그 정도면 됐다고 그들의 능력을 인정하고 치하하기 시작한다.

일명 잘 나가는 점주들의 경우, 돈도 어느 정도 벌어놓고 점포도 늘려가며 재미를 좀 보게 되면 하나같이 해이해지기 일쑤다. 끊임없이 능력을 배양하고 시험해야 할 시기에 배제해야 할 것은 바로 그런 나태함이다. 앞에서도 말했지만 능력은 자꾸 개발하지 않으면 다시 원상태로 돌아가는 고무줄과 같은 것이다. 다 늘어져 더 이상 늘어날 수 없을 때까지 최대한 늘려야 하는 것이 우리들의 능력이다.

가끔은 이렇게 말하는 나 자신도 이것은 정말 내 능력 밖의 일이 아닌가, 하는 생각에 절망스러울 때가 있다. 그리고 그것은 맞는 생각일 수도 있다. 하지만 지금 서 있는 내 자리를 지키고, 나아가 더 나은 자리로 올라서기 위해서는 가지고 있는 능력을 활용하는 일만으로는 부족하다. 남보다 앞선 능력을 보유하고 있어야만 남보다 더 높은 자리에 올라설 수 있는 것이다. 그러기 위해서는 자신의 능력을 끊임없이 시험해야 한다. 그래야만 남들이 할 수 없는 능력을 보유할 수 있게 된다.

최근에 읽은 《그래도 계속 가라》라는 책 내용 중에 한 젊은이가 자신의 할아버지에게 '삶이 왜 이렇게 힘들죠?' 라고 묻는 대목이 나온다. 할아버지는 그 질문에 '희망을 향해 내디딘 한 걸음은 아주 맹렬하게 불어 닥치는 폭풍우보다 더 강한 법이란다. 멈추지 말고 계속 가라.'는 말을 해준다. 강렬하게 불어 닥치는 폭풍우보다 더 강한 것이 희망을 향한 발걸음이라면, 자신의 능력을 시험하면서 뛰어가는 것은 그 폭풍우 속을 질주하는 것이다. 자신의 능력을 시험하다가 한계를 깨닫게 되는 순간에 직면할 수도 있다. 절망을 하고 되돌아가고 싶거나 주저앉고 싶을 때도 있을 것이다. 때로는 깊은 늪 속에 빠져 헤어 나올 용기가 나지 않을 때도 생길 것이다. 그럴 때는 잠시 계단참에 올라와 있다고 생각하라. 쉬어가기 위해 머무는 계단참이 아니라 더 높은 계단으로 오르기 위한 발돋움의 계단참이다. 하지만 너무 오래 머물지는 마라. 그러는 사이, 행여나 능력의 고무줄이 다시 원상태로 줄어들지도 모르니까.

얼마큼 뛰어 오를지 판단했으면 거침없이 발을 내딛어라. 그것이 비록 험난한 폭풍우 속을 내딛는 걸음일지라도…. 걸음을 내딛는 그 자체가 바로 능력을 시험하는 일이다.

05 같지만 다르게 하라

뒤집어라, 세상이 달라 보인다

최근 한 햄버거 프랜차이즈점에서 저렴한 가격대의 커피를 선보여 좋은 반응을 일으키고 있다. 맨 처음 이 프랜차이즈점에서 '햄버거만 먹는 것이 아니라 커피 전문점의 맛과 여유까지 느끼게 해주겠다.'는 차별화 전략을 내세웠을 때 사람들은 반신반의했다. 물론 그 이전에도 커피를 팔기는 팔았다. 사람들이 반신반의했던 이유는 바로 그것이었다.

기존에 팔았던 커피에서 얼마나 많이 달라진 커피겠는가 의심을 했던 것이다. 하지만 그것은 기우에 불과했다. 최근에는 고객들의 호응에 힘을 얻어 스타벅스와 커피빈의 상징인 별도 콩도 다 이겨보겠다고 단단히 벼르고 있는 중이다. 이렇게 커피의 인기가 높아지자 햄버거는 통상 콜라와 어울리는 것인 줄로만 알았던 사람들은 콜라 대신 커피로 바꿔서 시키기도 했다. 물론 햄버거는 햄버거대로 먹고 후식으로 한 자리에서 커피를 주문해 마시는 사람들도 생겼다. 햄버거만 맛있는 매장이 아니라 햄버거도 맛있고 커피도 맛있는 매장이 된 것이다.

고객이 많이 몰리는 음식점을 만들고 싶다면 이처럼 차별화 전략을 잘 세워야 한다. 다른 음식점에서는 도저히 따라올 수 없는 그 음식점만의 특별성이 있어야 한다는 것이다. 하지만 말이 쉬워 차별화지, 그것이 그렇게 쉬운 문제는 아니다.

언젠가 나는 몇 명의 점주들에게 "당신이 운영하는 음식점을 다른 곳과 차별화시키려면 어떤 방법을 선택하시겠습니까?"라고 질문을 한 적이 있었다. 맛으로 차별화하겠다는 대답이 가장 많았다. 그 다음은 가격을 저렴하게 한다는 것이었고, 마지막으로 경쟁할 음식점이 없는 곳에 가서 개업하겠다는 것이었다.

솔직히 말하자면 같은 종류의 음식이라면 맛은 다 거기서 거기다. 다시 말해 맛으로 차별화를 꾀한다는 것은 별로 승산이 없다는 것이다. 그렇다면 무엇으로 차별화를 꾀할 것인가? 바로 이미지다. 이미지의 차별화에는 두 가지가 있다. 하나는 다른 음식점보다 월등하게 낫다는 것을 보여주는 것과 다른 하나는 고객들에게 다른 음식점이 안 좋다는 이미지를 심어주는 것이다.

그렇다고 해서 경쟁점을 대놓고 비방하라는 얘기가 아니다. 다만 고객으로 하여금 은연중에 비교할 수 있는 여지를 제공하라는 말이다. 일본의 '미노사쿠'라는 한 라면 전문점에서는 여자 화장실에 수돗물 대신 지하수를 사용함으로써 그 효과를 톡톡히 누렸다고 한다. 특히 여성 고객들로부터 좋은 반응을 얻으며 입소문이 급속도로 퍼지게 되었다. 한창 자연주의로 돌아가자는 캠페인과 맞물려 호기를 누린 탓도 있었지만 결국 이미지 차별화가 성공한 셈이었다.

건대입구 쪽에 있는 한 한식집은 음식값 6,000원에 반찬만 20여 가지가 나온다. 주로 나물이 주를 이루는 꽉 찬 이 집 식탁에 앉으면 저절로 행복한 웃음이 배어나온다. 나물도 여느 음식점에서 볼 수 있는 예사 나물이 아니다. 강원도 산골에서 직접 채취하고 말린 나물들이다. 이 집의 특징은 반찬을 남기면 혼이 난다는 것이다. 점주는 자신이 정성껏 만든 음식이 남겨지는 것을 볼 때면 꼭 한 마디씩 하고 지나간다. 된장찌개에 들어간 된장은 손수 뜬 것이며 취나물은 겨우내 말려 무공해라는 등….

이 음식점 점주가 제일 듣기 좋아하는 말은 고객이 반찬을 더 달라는 소리다. 그 소리를 듣고 점주 얼굴이 환해지는 것을 보며 퍼주는 장사야말로 장사의 진정한 비법이라는 생각을 새삼스럽게 다시 하게 된다. 그러고 보면 반찬을 남기면 뭐라고 하는 것도 차별화는 차별화다. 그 소리를 들으면서 기분이 나빠지기는커녕 왠지 모를 점주의 자부심과 애정이 느껴지니 말이다.

꼭 음식값을 저렴하게 해야만 고객이 많아지는 것은 아니다. 싼 값에 몰린다는 상식을 깨고 오히려 비싼 음식에 고객들이 더 많이 몰리는 현상만 봐도 알 수 있는 사실이다. 고객들은 어떤 종류의 음식을 먹느냐에 따라 자신들의 지위가 결정된다는 사실을 알고 있다. 그러므로 음식을 통해 특권 의식을 느끼려는 고객들을 주시해 볼 필요가 있다. 이젠 배가 고파서 밥을 먹는 시대는 지나갔다.

고객들은 음식을 먹음으로써 그와 더불어 여유와 삶의 가치까지 찾으려고 한다. 그러한 고객의 트렌드를 제대로 따라잡기 위해서는 생각의 전환이 필요하다. 그렇게 같지만 다르게 하기 위해서는 생각을 뒤집어라, 그러면 정석이 보인다.

내가 아는 송파의 한 중국집은 주말 고객에게 음식값의 10%를 할인해준다. 평일도 아니고 가족들 외식이 많은 주말에 그것도 10%나 되는 할인율을 감행한다는 것은 음식점으로서는 대단한 결정이 아닐 수 없다.

점주는 왜 그런 쉽지 않은 결정을 내렸을까? 물어 보니 의외로 대답은 간단했다. 평일에는 할인을 해주는 음식점이 많지만 주말에 할인을 해주는 음식점은 극히 드물기 때문에 그렇게 했다는 것이다. 이미지의 차별화뿐만 아니라 마케팅의 차별화까지 거머쥔 성공적인 사례다. 고객의 생각을 비틀음으로써 그들의 '생각대로' 대박을 이룬 케이스라고 할 수 있다.

차별화에는 원칙이 없다. 다만 한 가지, 고객의 생각대로 만들어주는 것이다. 그것이 바로 점주의 생각대로 되는 길이다.

06 열심히보다 잘하는 사람이 되라

'열심히'는 충분조건, '잘'은 필수조건

〈미녀는 괴로워〉라는 영화를 보다 보면 '열심히 하는 것도 중요하지만 잘하는 게 더 중요하다.'는 말이 나온다. 백 번 천 번 맞는 말이지만 어릴 적부터 열심히만 하면 된다는 가르침을 받고 자란 우리에게 그 말은 어쩐지 좀 서운하게 들린다. 열심히만 하면 잘할 수 있다고 생각해 왔고 당연히 그래야 한다고 믿어 왔기 때문이다.

하지만 '열심히 하면 된다.'고 생각하며 모든 게 다 잘될 거라고 믿었던 세상이 그리 녹록치만은 않다. 열심히 해도 얼마든지 안 되는 일들은 많고도 많기 때문이다. 조금 야박하게 들릴지 모르겠지만 우리 사회는 열심히 하면서도 능률이 오르지 않는 사람에게는 그다지 관대하지 않다. 오히려 우수한 결과를 내는 사람, 뛰어난 능력을 발하는 사람을 더 좋아한다.

왜 그럴까? 왜냐하면 열심히 하는 것은 기본이기 때문이다. 우리는 지금 열심히 하지 않으면 '경쟁'이라는 바다 속에 뛰어들 수조차 없는 사회에 살고 있다. 그렇다면 왜 열심히 하느라고 하면서도 능률과 능력은 향상되지 않는 걸까? 그것은 엉뚱한 노력을 하고 잘못된 방법으로 열심히 하기 때문이다. 더욱 심각한 것은 자기 자신이 그러고 있는 줄도 모른다는 사실이다.

우리는 주변에서 그런 사람들을 종종 만날 수 있다. 가령 20명이 한 팀이 되어 돌아가는 조직이 있다고 가정해보자. 이중에서 3~5명은 아주 일을 잘한다. 제 일은 제가 알아서 할 뿐만 아니라 제 일이 아닌 것까지 처리하는 아주 유능한 사람들이다. 나머지 12~13명은 시키는 일을 잘 해내지는 못해도 그럭저럭 평균적으로는 해내는 사람들이다. 문제는 그 나머지 2~3명이다. 이 사람들은 열심히 하기는 하는 것

같은데 깊이 들어가 보면 도무지 메리트가 없는 사람들이다. 심한 경우, 자기가 무엇을 잘하는지도 모르는 사람들이 있다. 이런 사람들한테는 누군가가 그러한 사실을 알려주어야 한다. 그리고 잘못된 방법으로 열심히 하고 있다는 사실을 깨닫게 해줘야 한다.

자, 다시 본론으로 돌아가자. 조직 안에서 일을 잘한다고 인정받고 남들보다 월등한 능력을 발휘하는 사람들에겐 그들만의 비밀이 있다. 하느라고 열심히 일을 하는 것 같은데 재능도 없어 보이고 인정도 못 받는 사람들에게도 원인이 있다. 그 원인은 아래에 언급된 세 가지가 없기 때문이다. 반대로 일을 잘하는 사람들은 그 원인을 비밀병기로 가지고 있다는 얘기다. 자기 자신이 일을 잘 못하는 사람이라고 생각한다면 다음과 같은 몇 가지 사항을 한 번 시도해보자.

첫째, 스스로 리더가 되라

스스로 리더가 되라는 것은 자기가 속한 분야에서 전문가가 먼저 되라는 말이다. 오늘날과 같은 정보화 사회에서는 전문성을 갖추는 것이 '잘하는 사람'이 되는 지름길이다. 전문적이지 않고는 어떤 분야에서도 인정받기 힘들다. 남들이 따기 힘들어하거나 희소가치가 있는 자격증을 미리 취득해 두는 것은 스스로 리더가 되는 한 방법이다.

둘째, 일의 참맛을 음미하라

일의 참맛을 알기 위해서는 어려운 일은 피하고 쉬운 일만 찾아서 하는 습성을 버려야 한다. 어차피 해야 할 일이라면 까다롭고 어려운 일을 먼저 해라. 그리고 우선순위를 정해놓고 일의 종류가 비슷한 것끼리는 묶어서 처리해라. 일을 능률적으로 처리해 능력을 발휘해야 인정을 받는다. 그렇지 않고 무조건 열심히 하는 것은 동정은 받되 인정받는 비결이 아니다. '열심히'라는 말 속에는 전문성이 없다. 열심히 하면서도 잘하는 사람이 되라.

셋째, 비상구를 만들어라

나는 아름다운 건설이나 아름다운 FC 직원들에게 일주일에 한 권씩 반드시 독서를 하고 감상문을 제출하도록 하고 있다. 업무에 시달리고 각박한 삶에 지치다 보면 사람의 감정까지 메말라 갈까 우려스러워, 직원들로 하여금 억지로라도 그렇게 독서를 하게 만든 것이다.

무조건 일만 파고든다고 해서 잘하는 사람이 되지는 않는다. 사람은 로봇이나 기계가 아니다. 아무리 전문성을 갖고 일벌레가 되어 '최고'라는 찬사를 받을지라도 인간미가 떨어진다면 조직이나 사회에서 살아남기 힘들다. 일상의 20%는 나만의 비상구를 위해, 또 인간적인 교류를 위해 기꺼이 할애할 줄 아는 지혜가 필요하다. 비상구가 없는 삶은 스스로를 가두고 타인과 타협하거나 소통하려고 하지 않는다. 취미생활이나 동호회, 독서 등을 통해 비상구를 하나쯤 열어둬라.

잘하려거든 열심히 해야 하는 것이 필수적이지만 열심히 한다고 해서 모두 다 잘하지는 않는다. 잘하는 비법을 터득하라. 그것이 열심히 해서, 잘하는 노하우다.

07 기억하라, 한 번도 만나지 않은 것처럼

작은 관심이 큰 감동으로 돌아온다

나는 가끔 직원회의를 하면서 책에서 읽은 글귀나 신문 사설, 혹은 시구를 인용해 설명하는 것을 좋아한다. 딱딱한 회의 분위기를 좀 바꿔보려는 의도이기도 하거니와 단도직입적으로 말하는 것보다 훨씬 가슴에 와 닿기 때문이다.

언젠가 프랜차이즈에 대한 기획회의를 하면서 '한 번도 만나지 않은 것처럼 고객을 기억하라.'는 말을 한 적이 있다. 알프레드 디 수자의 '사랑하라, 한 번도 사랑하지 않은 것처럼'이라는 시에서 응용한 것이다. 그 시의 원래 내용은 한 번도 사랑해보지 않은 것처럼 그렇게 뜨겁고 열정적으로 사랑을 하라는 말이었는데, 나는 그것을 좀 바꿔 고객의 얼굴을 한 번도 보지 않은 것처럼 그렇게 선명하고 또렷하게 머릿속에 각인시키라는 뜻으로 말을 한 것이었다.

지금 기억으론, 이 말을 들은 직원들의 3분의 2 정도가 의아한 눈빛으로 나를 쳐다보았던 것 같다. 그리고 직원들을 대표해서 묻듯 기획총괄팀 명 대리가 “한 번도 만나지 않은 것처럼 기억하는 것이 무슨 의미입니까?”라고 물었던 것 같다. 난 그때 직원들에게 한 지인의 에피소드를 들려주었다.

그 지인은 해물탕집에 단 한 번 갔을 뿐인데 점주가 자신을 기억하는 것을 보고는 깜짝 놀랐다는 얘기를 했다. 뿐만 아니라 점주는 자신이 그때 무엇을 먹었는지까지 소상히 알고 있더라는 것이다. 처음엔 우연의 일치이겠지 싶었는데 그 다음번에 갔을 때는 몇 명과 같이 왔는지까지 알더라고 했다. 지인은 점주의 놀라운 기억력에 감탄해서 그 비밀이 무엇이냐고 물었다.

“사장님의 기억력은 정말 놀랍네요. 비밀이 무엇입니까?”

질문을 받은 점주의 대답은 의외였다.

“웬걸요. 기억력이 너무 안 좋아서 홀 안을 몇 번씩 돌며 고객들이 먹는 음식과 얼굴 모습을 계속 메모하는걸요.”

그제야 지인은 점주가 그냥 단순하게 고객을 기억하는 것이 아니라 많은 노력을 한다는 사실을 알게 되었다고 한다. 그렇게 지인과 통성명을 하게 된 점주는 지인이 그 음식점에만 가면 꼭 음료수를 서비스로 내놓던가, 식탁에 계란찜을 살짝 놓아두고 간다고 한다. 그러고는 고맙다는 말도 건넬 틈이 없이 쏜살같이 가버린단다.

고객의 입장에서는 같은 값이면 나를 반겨주고 기억해주는 음식점으로 가는 것이 당연하다. 점주의 기억력은 고객으로 하여금 감탄을 불러일으킬 뿐만 아니라 다시 오고 싶은 마음까지 생기게 만들기 때문이다.

파레토의 법칙(Pareto's Law)이란 것이 있다. 일명 2080법칙이다. 전체 결과 80%가 전체 원인의 20%에서 비롯된다는 법칙이다. 다시 말해 20%의 고객이 80%의 매출에 기여한다는 얘기다. 이 법칙대로 과연 그럴까, 하는 의문이 들기도 하지만 실제로 단골고객 20%가 올려주는 매출액이 전체 매출액의 80%를 차지하는 게 사실이다. 뿐만 아니라 단골고객은 신규고객을 동반해서 올 수 있는 포자(胞子)와 같은 역할을 하므로, 일반고객과는 조금 차별화하여 기억하여야 한다. 음식값을 조금 깎아준다거나 고객의 이름을 외우고 특별히 좋아하는 메뉴를 기억해두는 것도 좋다.

사람이 사람을 기억하고 있다는 것은 어찌 되었든 기분 좋은 일이다. 더군다나 수많은 사람이 오가는 음식점에서나 하나를 기억한다는 것은 존재와 인정, 두 가지를 모두 함축하고 있는 일이다. 고객은 왠지 나만 대접받는 것 같고 특별한 우대와 혜택을 누리는 것 같아 어깨가 으쓱해질 것이다.

경우에 따라서는 고객의 얼굴뿐만 아니라 그들의 사연까지 기억해야 할 때도 있다. 얼마 전 큰 딸아이의 중학교 졸업식이 있던 날, 집 근처의 단골 고깃집에 갔더니 점주가 우리 딸아이한테 작은 필통 하나를 건네는 것이었다.

"오늘 졸업식이었지? 졸업 축하해."

뜻밖이었다. 점주가 우리 아이의 졸업식 날이었던 것을 아는 것도 그랬고 선물을 준비했다는 것도 그랬다.

"우리 아이도 그 학교 2학년에 다니고 있어요. 그래서 알았고요. 지난번에 제가 여쭤봤더니 사장님이 3학년이라고 하셨잖아요."

나는 점주가 물어 보길래 그냥 아무 생각 없이 대답했던 것뿐인데…. 비록 값비싼 물건은 아니었지만 우리 아이를 기억하고 우리 가족을 기억하는 점주가 감탄스러웠다. 나는 그 점주를 보며 다시 한 번 이 말을 되뇌어봤다.

고객을 기억하라. 한 번도 만나지 않은 것처럼 언제나 반갑고 또렷하게….

성공의 기술

'생각대로' 하면 '생각대로' 된다

01 목표는 구체적이고 세부적으로 세워라

정확한 목표물을 향해 쏜 화살이 명중한다

"주인님! 일어나세요, 일어날 시간이에요."

새벽 4시, 탁상시계가 요란하게 울리면서 나의 한 주가 시작된다. 아무리 내 손으로 맞춰놓은 시계 알람이지만 그 소리가 얄밉게 들리는 건 어쩔 수가 없다. 평소 때보다 한 시간이나 먼저 일어나는 것이니 눈꺼풀이 천근만근이지만 그런 아쉬움으로 더 이상 시간을 지체할 수는 없다. 월요일 6시 30분 아침 회의를 위해 나보다 더 힘들게 회사에 출근할 직원들이 떠올라서다. 한 시간 넘게 전철을 타고 오는 직원들에게 집에서 차를 타고 10분이면 도착하는 거리에 회사가 있다는 미안함 그 자체인 것이다. 나는 그 미안함을 덜려고 회의 시작 30분 전에 회사에 가서 앉아 있곤 한다.

우리 회사는 월요일 아침이면 어김없이 6시 30분에 회의를 한다. 일주일에 한 번 반드시 직원 전체회의를 하는 이유는 한 주가 잘 진행되려면 월요일이 그래야 하고, 한 달이 잘 진행되려면 첫 주가 그래야 한다는 생각 때문이다. 회의는 정확히 6시 30분에 시작해서 아무리 시간이 오래 걸려도 각자 맡은 업무 보고와 일주일 간의 계획을 모두 듣고 나서야 끝마친다. 대신 그때를 제외하고는 개인을 따로 불러 회의를 하는 적은 없다.

나는 '조직이란 각자가 맞물려 한 덩어리로 돌아가야 한다.'는 지론을 가지고 있다. 회사의 모든 업무도 그렇다. 나 혼자만 일을 잘했다고 해서 회사 전체가 잘 돌아가는 것은 아니다. 그러므로 회의시간에는 직원들 각자에게 단 몇 분이라도 발표할 기회를 준다. 발표할 때는 가급적 말을 짧게 하도록 한다. 핵심만 말하는 것을 훈련하는 것이다. 부분적인 지식이나 단순한 업무파악으로는 결코 핵심을 말할 수 없기 때문이다. 내용을 거시적으로 파악해야만 그 안의 핵심을 말할 수가 있게 되는 것이다. 그리고 그 핵심이 다시 큰 얼개를 짜나가는 것을 분석할 수 있게 된다. 내가 그렇게 회의를 진행하는 이유는 직원 각자가 목표와 계획에 철두철미한 사람이 되게 하려는 의도에서이다.

계획을 잘 세우고 목표를 잘 지키는 사람은 '잘게 쪼개기'와 '덩어리로 만들기'를 잘하는 사람이다. 한 가지 일이 주어졌을 때 거시적인 시각과 미시적인 시각을 상황에 맞게 아주 잘 활용하는 사람이기도 하다. 그리고 자신에게 주어진 하루와 일주일, 한 달 혹은 일 년을 잘 쪼개서 쓸 줄 알고 또 그것을 덩어리로도 잘 활용할 줄 아는 사람이다.

조금 고달프고 힘들긴 했지만 몇 년 동안 열심히 월요회의를 주제한 노력 끝에 이젠 '아름다운 건설'이나 '아름다운 FC' 직원들은 그 어디에 내놓아도 목표를 세부적으로 세워 칼같이 시간을 활용할 줄 아는 사람들이 되었다. 뿐만 아니라 유창한 화술과 자신감으로 회사를 설명하고 브랜드 이미지를 각인시키는 능력을 가지게 되었다.

목표가 항상 원대하고 거창해야 되는 것은 아니다. 그렇게 세워야 하는 목표가 있다면 그렇지 않은 목표도 있는 것이다. 하지만 중요한 건 언제 어느 시기에 무엇을 해야 한다는 구체적이고 세부적인 '내가 나한테 주문하고 지시하는 사항'이 반드시 있어야 한다는 것이다.

주옥 같은 자기계발서로 많은 주목을 받았던 미국의 노먼 빈센트 필 박사가 '눈에 띄는 곳에 목표를 적어서 붙여놓으라'고 주문했던 것을 굳이 언급하지 않더라도 매일매일 목표를 상기시켜야 되는 것은 매우 중요한 일이다. 상기하지 않으면 실천하지 않을 것이기 때문이다.

하버드 대학에서 재학생을 대상으로 목표에 관한 다음과 같은 질문을 했다고 한다. "당신은 목표가 있습니까? 있다면 그것을 기록해둡니까?" 그러자 84%의 학생이 목표가 없다고 대답했고, 13%는 목표가 있지만 기록하지 않으며, 3% 학생만이 목표가 있고 그것을 기록해둔다고 대답했다. 몇십년이 지나고 그 학생들을 다시 조사했을 때 목표를 가지고 기록을 해두었던 3% 학생들이 나머지 학생들보다 훨씬 성공해 있었다는 것이다.

꼭 멀리 내다보고 세우는 목표만 목표가 아니다. 하루 일과를 여러 개의 목표로 나누어 정해놓고 처리하는 것도 작게 보면 목표다. 이런 경우, 시간을 훨씬 더 효율적으로 이용할 수 있다는 장점이 있다. 목표를 세울 때도 시간 단위로 세우지 말고 10분 단위 혹은 30분 단위로 나누어 세우는 것이 좋다. 그리고 한 주일의 목표를 세울 때는 월요일과 금요일로 나누어 세우는 것이 좋다. 월요일에 세운 한 주간의 목표와 금요일에 세운 목표는 일주일의 완성도와 다음 주 실행여부를 체크하게끔 해주기 때문이다.

할 일을 작게 쪼개놓으면 그만큼 작은 목표들이 생긴다. 목표들이 많다는 것은 그만큼 구체적이고 세분화된 절차로 일을 할 수가 있다는 것이다. 더불어 스피드가 붙는다. 지금 당장 머릿속에 혹은 종이 위에 한 시간 내, 오늘 하루, 이번 주, 이번 달의 목표를 적어보라. 그리고 그것이 현실이 되는 상상을 해보라. 그것이 바로 '생각대로' 되도록 만들어주는 당신의 주술이다.

목표를 세우면 미래에 대한 두려움과 불안감이 사라진다.

보다 적극적으로 행동할 수 있기 때문이다. 적극적으로 행동한다는 것은 무슨 일을 하면서 그것을 왜 하는지 알고 한다는 것이다. 그러므로 행동은 훨씬 더 구체적이고 분명해진다. 목표가 분명한 사람은 항상 긍정적인 생각을 한다. 반드시 목표가 이루어질 것이라고 믿기 때문이다. 긍정적인 생각은 목표에 집중할 수 있는 힘을 배가시켜준다. 100원짜리 목표를 세우고 그림을 그리면 그만큼 달성하는 것이고, 1,000원짜리 목표를 세우면 그만큼 이루게 된다. 얼마만한 목표를 그리느냐에 따라 얼마만한 성공을 이루느냐가 결정되는 것이다.

목표는 성공의 아버지다. 아버지 없는 자식은 없다.

열정은 최고의 재능이다

02 마르지 않는 열정의 우물을 퍼 올려라

이십여 년 전에 한 건설사의 소장으로 임명되어 첫 출근을 했을 때, 전임 소장이 막 작업복을 갈아입으려는 나를 향해 이렇게 물었다. "자네 재산이 얼마나 되나?" 나는 채우고 있던 작업복 상의 단추를 마저 채우고 "돈은 하나도 없습니다. 하지만 재산은 많습니다."라고 대답했다. 어리둥절해진 전임 소장이 다시 내게 물었다.

"돈은 없다면서 재산이 많다니 그게 무슨 소린가?"

"말 그대로 돈은 하나도 없지만 열정만큼은 누구한테도 지지 않을 만큼 넘쳐난다는 말입니다."

젊은 나이에 소장 직함을 달게 된 내가 무슨 백으로 여기까지 오게 되었나 싶어, 은근슬쩍 떠보려 했던 전임 소장은 빙그레 웃으며 내 어깨를 쳐주었다. 나는 그때나 지금이나 내가 가진 재산 중에 제일은 열정이라고 생각한다. 열정은 동서고금을 막론하고 모든 성공과 발전의 원동력이었을 뿐만 아니라 역사 속의 근간이 되어 왔다. 인류 역사상 빛나는 업적을 남긴 수많은 위인들, 기업가, 학자, 예술가들에게 열정이 없었다면 인류의 역사는 어떻게 되었을까? 생각만 해도 끔찍한 일이 아닐 수 없다. 그런 까닭에 나는 인류 역사는 열정이 만들어낸 산물이라고 생각한다.

이 세상에 있는 무슨 일을 해도 열정이 없으면 성공을 할 수가 없다. 열정보다 더한 재능은 없기 때문이다. 그래서 가끔 우리 회사 직원들에게 '완전히 미치라'고 말하는 이유도 거기에 있다. 미치는 것은 곧 열정을 다해 온전히 빠져들라는 것이다. 그것만큼 성공을 앞당기는 지름길을 나는 알지 못하기 때문이다.

음식장사하는 데 거창하게 무슨 열정씩이나 운운하느냐고 반문하는 사람이 있을지도 모르겠다. 그렇게 질문하는 사람들은 열정이 없으면 결국 돈도 벌 수 없다는 사실을 모르고 하는 소리다. 열정은 돈을 불러오는 가장 빠르고도 확실한 방법이며, 그보다 더한 열정을 불러오는 불씨 같은 존재다.

열정이 얼마나 대단한 힘을 가지고 있는지 나는 2007년 북한 개성공단 공사를 착공하면서 다시 한 번 절실히 깨달은 적이 있다. 맨 주먹 하나만 가지고 들어간 개성은 체제와 사상이 완전히 다른 그야말로 24시간 난관의 연속이었다. 그중에서도 가장 힘들었던 것은 바로 북한 노동자들의 노동관이었다. 북한은 사회주의 체제이기 때문에 노동을 더 한다고 해서 돈을 더 많이 받거나 더 좋은 대우를 받는 것이 아니다. 그러니 아무리 설명을 하고 매달리면서 일을 더 해달라고 해도 쇠귀에 경 읽기였던 것이다. '불도저'라는 별명을 들을 정도로 추진력이 있던 나도 북한에서는 어쩔 도리가 없었다.

우리나라 같으면 대화를 시도해보거나 임금협상이라도 할 텐데…. 일에 관한 지시사항은 모두 조장을 통해서만 전달할 수가 있었고 물품으로 지급할 수 있는 것도 비누와 수건, 장갑, 작업신발, 작업복, 치약, 칫솔, 라면이 전부였다. 턱없이 부족한 작업시간 때문에 내 속은 점점 까맣게 타들어갔고 마침내 작업장 조장에게 수당을 더 주기로 하고 작업시간을 늘리는 것을 직접 협의해보기로 했다. 안 된다는 말을 계속 되풀이해서 들었던 터라 거의 희망이 없던 상태였지만 그렇다고 그대로 앉아 있을 수만은 없는 일이었다. 마지막 기회라고 생각하고 매달리다시피 마지막 제안을 하자 돌아온 답변은 야근수당으로 '공단 빵'을 더 달라는 것이었다. 공단 빵은 우리나라 초코파이를 말하는 것이었다. 하늘이 무너져도 솟아날 구멍이 있다는 말이 맞는 말이라고 안도의 한숨을 내쉬려는 것도 잠깐, 초코파이도 하루에 네 개를 넘을 수 없다는 것이었다. 네 개에 해당하는 시간으로는 공사를 기일 내에 마칠 수가 없었다.

결국 끈질긴 협상을 통해 공식적인 임금을 더 주기로 하고 작업시간을 늘리기는 했지만 지금 생각해도 그때는 정말 진퇴양난의 순간이었다. 물론 이렇게 숨 가쁜 일들도 있지만 공사를 진행하다 보면 그냥 웃어넘기면서 일화로 남길 만한 일들도 얼마든지 많다.

한 번은 이런 일이 있었다. 콘크리트 타설을 하기 위해 형틀을 설치하면서 그것이 터지지 않도록 보강을 지시했는데 북측노력(북한의 노동자)이 "일없다."라고 말을 하는 것이었다. 실컷 일을 하라고 했더니 일이 없다니 어리둥절할 수밖에 없었던 나는 "일이 되니까, 형틀을 보강하십시오."라고 다시 지시를 했다. 그랬더니 그 북측노력이 또 한 번 "일이 없다."라고 말을 하는 것이었다.

나는 나중에야 그 말이 '튼튼하고 괜찮으니까 안심하고 콘크리트를 타설해도 된다.'는 뜻이라는 것을 알았다. 그리고 일없다는 말은 안 아프다, 라는 의미로도 쓰이기 때문에 그때그때 상황을 봐가며 알아듣는 눈치도 생겼다.

언젠가는 훌라후프 때문에 웃지 못할 일을 겪은 적도 있었다. 북한에서는 웬만해서는 뚱뚱한 사람들을 찾아보기 힘들다. 키도 170센티미터 이상인 사람들이 드물고 대부분이 160센티미터를 조금 웃돌 뿐이다. 우리 회사 직원 중에 한

명이 뱃살을 빼겠다고 훌라후프를 차에 싣고 북측 CIQ를 통과하려다가 북측 경비한테 걸려 검사를 받게 되었을 때 북측 경비가 그것이 무엇에 쓰는 물건이냐고 물었다. 우리 회사 직원이 살을 뺄 때 쓴다고 대답했더니 북측 경비 왈, "살을 왜 빼느냐?"라며 고개를 갸우뚱거렸다고 한다.

위와 같은 소소한 일들이야 웃어넘기면 그만인 일화에 불과하지만 이와는 비교도 안 될 만큼의 일들이 닥쳐올 때면 그저 딱 한 가지 믿을 것은 사그라들지 않는 열정 밖에 믿을 것이 없다.

부딪치고 해결하고 그렇게 한 고비를 넘기고 나면 또다시 부딪칠 일이 생기고…. 하지만 그럴 때마다 나를 일으켜 세운 건 바로 열정이었다. 그럴 때마다 '열정은 나를 서 있을 수 있게 해주는 척추와 같다.'는 생각을 했다.

언젠가 신문을 보다가 열정지수 테스트라는 것을 해본 적이 있다. 20여 가지가 넘는 질문들을 하나하나 체크하다가 깨달은 사실은 대부분이 나 자신을 사랑하고 계발하려는 의지가 얼마큼이나 있는지를 묻는 질문들이었다는 것이다.

결국 열정의 실체는 자기 자신을 소중히 여기고 열심히 업그레이드 시키려는 과정이었다.

나는 그때 알았다. 열정은 퍼 올려도 퍼 올려도 끊임없이 샘솟는 세상에서 가장 행복한 우물이라는 것을….

실수는 실패의 첫 단추다

03 한 번 실수를 병가지상사라고 위로할 수 있을까?

나는 '실패는 성공의 어머니다.'라는 말을 별로 좋아하지 않는다. 좌충우돌하며 성공으로 가는 것도 좋지만 될 수 있다면 실패를 거치지 않고 성공해야 한다고 생각하기 때문이다. 실패가 두려워서가 아니다. 실패는 오히려 세상에 대한 두려움을 줄여주고 면역력을 갖게 하는 완충제 역할을 한다. 하지만 그렇게 두려움을 덜어주는 대신 시간을 소비하게 만든다. 나는 그것이 마음에 들지 않을 뿐이다.

대부분의 성공한 사람들은 실패를 토대로 성공할 수 있었다고 말한다. 당연히 설득력 있는 말이지만 그렇다고 해서 실패를 마냥 달가워할 수는 없다. 그리고 실패가 바로 성공과 직결된다고 맹신할 수도 없는 일이다.

실패는 성공을 이루는 받침대 역할을 했을 때나 그 효용성을 논할 수 있는 것이다. 그렇지 않다면 실패는 결코 유용한 전적이 될 수 없다. 어쩌면 그 때문에 낙오자로 가는 최단거리를 걷게 될지도 모른다. 실패가 두렵지 않을 때는 도전이 두렵지 않은 나이이거나 환경일 때만 그렇다. 그러므로 실패는 피해 갈 수 있다면 최대한 피해 가야 하는 것이다.

실패하지 않으려면 실수하지 말아야 한다. 실수가 반복되면 결국 그것이 덩치를 키우면서 실패로 이어지기 때문이다. 우리가 흔히 쓰는 말 중에 '눈덩이처럼 불어난'이라는 표현처럼 실수도 그렇게 걷잡을 수 없이 불어난다는 말이다.

실수하지 않고 실패하지 않으려면 그러한 경우들을 반면교사 삼아 배제시키면 된다. 음식장사를 하면서 가장 흔하게 저지르는 실수는 바로 '고객은 고객, 나는 나'라는 생각이다. 예를 들면 고객 식탁에 음식을 가져다 놓고 그 뒤로 한 번도 와보지 않는 집들 말이다. 그런 음식점들의 특징은 아쉬우면 찾을 테고 그럼 그때나 가보면 된다는 생각을 가지고 있다는 것이다. 점주들은 이러한 상황을 두고 아마 이런 말을 할 것이다. 한창 바빠 죽겠는데 여기저기 둘러볼 시간이 어디 있냐고…. 십분 이해가 가는 얘기다. 하지만 그럼에도 불구하고 곁눈질이라도 해서 쳐다봐야 한다. 그게 실수하지 않는 방법이자 실패하지 않는 노하우다.

또 하나 흔히 저지르기 쉬운 실수는 고객을 기다리게 하는 일을 미안해하지 않는 일이다. 세상에 밥을 먹기 위해 기다리는 것처럼 설레는 일은 없을 것이다. 배가 고플 때는 더욱 그렇다. 그렇게 배고픔을 참으면서 기다리는 사람에게 위안이 되는 소리는 바로 점주의 '미안하다, 아주 잠시만 더 기다려 달라.'는 말일 것이다.

그런데 잘되는 음식점들 중에는 우리 집 음식을 먹으려면 이 정도는 기다려야 되지 않겠냐는 식의 반응을 보이는 곳이 많다. 그것이 마치 무슨 훈장이고 텃세라도 되는 것처럼 말이다. 미안한 얘기지만 고객은 그런 기다림에 능숙해지는 것을 원치 않는다. 그러니 음식을 기다리며 느끼던 설렘을 제발 우울함으로 바꾸어주지 마라.

고객이 가장 기분 나쁘게 생각하는 점주의 실수는 양심을 파는 일이다. 가령 1인분을 덜 시켜도 충분히 먹을 양인데 인원수대로 시켜야 한다고 주문을 강요하거나 다른 메뉴를 자꾸 추천하는 경우다. 매상 올리는 일에만 급급해서 고객 입장에서 생각하는 것을 애초부터 거부하는 점주들은 양심을 파는 실수를 하는 것이다.

고객은 바보가 아니다. 굳이 음식을 남길 줄 알면서도 고객 편에서 유리하게 주문을 할 수 있도록 조언하지 않는 점주를 금방 알아챌 수 있다는 얘기다. 장사가 잘되는 음식점은 꾸준히 그곳을 찾는 고정고객에, 새로운 고객이 합해져 매상이 올라간다는 점을 명심해야 한다. 주문을 강요하거나 억지로 추천해서 그들의 발걸음을 멈추게 하지 마라.

어떤 점주들은 이렇게 말하는 나에게 왜 꼭 어려운 점들만 실천하라고 하느냐고 말을 할지도 모르겠다. 어쩌면 그 말이 맞는 말일지도 모른다. 하지만 생각해보라! 장사가 잘되는 음식점들은 그 어느 음식점에도 결코 뒤지지 않는 그들만의 장점을 가지고 있다는 것을….

그렇게 그들만의 장점을 갖게 되기까지 쉬웠다고 말하는 점주는 아마 한 명도 없을 것이다. 어려운 일이므로 고객이 알아주고 인정하는 것이다. 누구나 다 하는 일이었다면 고객이 몰리지 않았을 것이다.

고정고객을 만들어가는 비법, 그것은 고객에게 양심을 파는 실수를 저지르지 않으면 된다. 명심하라! 실수가 쌓이면 실패가 된다는 것을…. 그 첫 단추는 아예 처음부터 꿰지 않는 게 상책이다. 그렇게 꿰지 말아야 할 첫 단추를 꿰고 나서 시정하지 않고 방치하다 결국엔 망해버린 대표적인 케이스가 있다.

미국의 심리학자 마이클 레빈이 지은 '깨진 유리창 법칙'이라는 책 속에는 K마트가 매장의 깨진 유리창을 그대로 방치했다가 고객들로부터 외면당하고 결국에는 문을 닫고 말았다는 이야기가 나온다. 1994년 2,000개가 넘는 매장을 갖고 있던 K마트가 무너질 때 광고비의 일부분이라도 떼어 직원 교육비에 투자했더라면 파국은 면했을 거라는 뒤늦은 우려가 나오는 것도 과장된 설명은 아니다.

이러한 깨진 유리창의 논리를 뒷받침할 만한 흥미로운 실험도 있다. 1969년 스탠포드 대학의 심리학자 필립 짐바르도 교수에 의한 실험인데, 허술한 골목에 두 대의 자동차를 가져다 놓고, 한 대는 보닛만 열어놓고 다른 한 대는 보닛을 열어놓고 창문을 조금 깨놓은 뒤에 1주일 동안 내버려두었다고 한다.

1주일 후, 두 대의 자동차에는 두드러진 변화가 나타났다. 보닛만 열어놓은 자동차는 특별한 변화가 일어나지 않았지만 보닛을 열어놓고 유리창을 깨놓은 자동차는 10분 만에 배터리와 타이어가 전부 사라졌다. 그러고 나서 1주일이 더 지나자 몰골이 아예 흉측한 고철이 되어버렸다. 자동차 두 대의 차이는 약간의 유리창 파손뿐이었데 그 변화 상태는 너무나 확연한 것이었다. '깨진 유리창 법칙'(Broken Window)은 이러한 '깨진 유리창'의 실험에서 비롯된 법칙이다.

K마트의 실례처럼 고객은 사소한 실수도 그냥 보아 넘

기지 않는다. 불쾌하고 서운했던 경험도 쉽게 잊지 않는다. 단 한 사람의 종업원이 실수를 하는 것도 그들에게는 발길을 끊을 만한 충분한 이유가 되고, 더러운 화장실 때문에 맛있는 음식을 먹고 나서도 얼마든지 불쾌해질 수 있다. 홀 바닥에 떨어진 휴지 한 장, 정리되지 않은 주방, 무성의한 종업원들의 서비스 등이 모두 이 깨진 유리창에 속하는 것이다. 고객들은 깨진 유리창을 보며 하나를 보면 열을 알 수 있다고 단박에 그 음식점을 부정적으로 규정지어 버린다.

모든 문제는 극히 사소한 것에서부터 시작된다. 그렇게 사소하지만 치명적인 실수를 범해서 수습할 수 없는 사태까지 몰고 가는 일은 결코 없어야 한다. 간혹 웬만큼 자리가 잡힌 음식점들 중에는 초창기 때의 긴장을 풀고 위생이나 청결에 나태해지는 경우가 있다. 하지만 고객들은 맨 처음 음식점에 들어와 음식을 시키기 전, 홀을 한 번 둘러본다는 것을 잊어서는 안 된다. 그리고 홀을 둘러보고 나서 깨끗하지 않다고 느낀다면 음식까지 깨끗하지 않을 거라는 생각을 하게 된다.

그럼에도 불구하고 그 꿰지 말아야 할 첫 단추를 어찌어찌하여 꿰고 말았거든 슬기롭고 빠져나가야 한다. 잘만 한다면 실수가 무마될 수도 있고 전화위복이 될 수도 있기 때문이다. 그것을 자책하면서 다음 일을 방해하는 것보다는 훨씬 나은 일이다.

음식점 실수 예를 하나 더 들어보자. 음식에 들어가지 말아야 할 것들이 들어간 경우다. 머리카락 내지는 수세미 조각 같은 불순물이 들어가 고객의 식사를 불쾌하게 했다면 이건 씻을 수 없는 실수가 분명하다.

음식점을 출점한 지 얼마 안 되는 J씨의 경우, 스파게티 속에서 머리카락을 집어든 고객 때문에 적잖이 당황했었다고 한다. J씨는 정말 죄송하다며 사과를 했고 음식값은 받지 않았으며, 주문했던 메뉴에 새로운 신 메뉴 하나를 더 추가시켜 가지고 갔다는 것이다. 그리고 고객의 화가 조금 누그러진 틈을 타 '제가 어떻게든 전 종업원을 상대로 유전자 검식을 해서 범인을 꼭 잡아내겠습니다.'라고 유머 섞인 인사를 했다고 한다. 고객은 박장대소를 했고 지금도 점주의 단골고객이 되어 있다고 한다.

실수가 잦아지면 결국 실패가 되고 만다. 한 번 실수는 병가지상사라고, 그러니 괜찮다고 스스로를 위로하지 마라. 그 순간이 바로 실패로 가는 첫 단추를 꿰는 순간이다.

목표의 크기가 성공의 크기이다

04

21세기 피그말리온이 되자

두 가지 중에 한 가지를 선택해야 할 순간이 되면 '금도끼 은도끼 이야기'가 떠오르곤 한다. 나무꾼이 나무를 하다 연못에 쇠도끼를 빠뜨리자 신령이 나타나 "네 도끼가 금도끼냐 은도끼냐?"라고 묻는 장면 말이다. 만약 어느 날, 그 신령이 나타나 "네 소망이 열정이냐? 기적이냐?"라고 묻는다면 나는 어떻게 대답할까? 나는 아마도 "열정과 기적, 둘 다 주십시오."라고 아주 넉살 좋게 말을 할 것이다. 열정과 기적, 그 어느 것도 놓치고 싶지 않기 때문이다. 그런데 그렇게 옛날이야기에서나 나올 법한 신령이 나타나 그것도 열정과 기적, 둘 다 가져다주겠다고 한다면 당신은 어떻게 하겠는가?

내가 강연이나 회의 때 피그말리온 효과에 대해서 말을 하는 것은 '간절히 바라면 반드시 이루어진다.'는 것을 부연 설명하기 위해서이다.

피그말리온은 그리스 로마신화에 나오는 조각가의 이름이다. 어느 날 그는 상아로 여인상을 만들어놓고는 자신도 모르는 사이, 사랑에 빠지고 말았다. 사랑한다고 말을 하고 키스를 해도 아무런 반응이 없고 차갑기만 한 그 여인상을 바라보며 피그말리온은 신에게 기도를 한다.

"신이시여, 저 눈이 부시도록 아름다운 여인상을 사랑하나이다. 부디 저 여인상에 생명을 불어넣어주시어 제 사랑을 느낄 수 있도록 해주십시오. 그리하여 저희로 하여금 영원토록 사랑하게 해주십시오!"

그의 기도는 간절하고도 애처로웠다. 그리고 마침내 그 간절하고도 애처로운 기도가 이루어져 여인상은 사람이 될 수 있었다. 간절히 바라고 원하면 이루어지는 이 같은 현상을 두고 사람들은 '피그말리온 효과'라고 부른다.

간절히 바란다는 것은 무엇일까? 목표를 세우고 그것에 완성이나 성취를 원한다는 것이다. 위에 언급한 피그말리온처럼 원하는 것이 현실로 나타나려면 그것을 이루려는 노력이 필요하다. 그 노력의 서두는 바로 원하는 것을 이룬다고 믿으며 목표를 세우는 것이다. 마치 여인상을 사람으로 만들고 싶다는 피그말리온의 목표처럼 말이다.

나는 세상에서 가장 완벽한 믿음은 바로 자기가 자기 자신을 믿는 것이라고 생각한다. '난 할 수 있다.'는 믿음이 바탕에 깔리지 않으면 이후에 세워진 전제들은 모두 모래성과 같은 것이다. 그러므로 목표를 세우기 전에 자신에 대한 믿음부터 확고히 다져놓는 것이 필요하다. 그래야 목표도 단단해진다. 목표는 한 마디로 말해 자기 자신이 만든 기대치다. 그 기대치에 부합하거나 그보다 더 한 성취를 이룬다면 그는 이미 성공한 것이다. 결국 믿음의 크기만큼 목표를 세울 수 있는 것이다. 그리고 그것은 나를 이끌어줄 코치가 되는 것이다. 코치는 때로 나를 다그치기도 할 것이고 타이르기도 할 것이다.

그렇게 해서 목표의 크기만큼 성공의 크기가 정해지는 것이다. 믿음이 크면 클수록 목표의 크기도 커지는 것이고, 목표의 크기가 커지면 커질수록 성공의 크기도 커지는 법이다. 결국 성공은 믿음과 목표가 현실화되어 나타나는 결실인 것이다.

어릴 적부터 나는 책 읽는 것을 무척 좋아했다. 책은 현실과 상상을 잇는 가장 확실한 가교였으며 무한한 꿈과 희망을 키울 수 있게 해주는 씨앗과도 같은 것이었다. 책을 읽는 동안 나는 얼마든지 내가 되고 싶은 것과 하고 싶은 것을 이룰 수 있었다. 그것은 나만의 나침반을 형성하는 데 아주 중요한 역할을 했다.

초등학교에 들어가기 전에 읽은 동화책 중에서 가장 인상 깊었던 것은 아라비안나이트였다. 그 안에 나오는 멋진 궁전은 알라딘의 요술램프보다 훨씬 더 매력적인 것이었다. 왜냐하면 화려하게 잘 지어진 궁전은 언제나 아름다운 이야기를 품고 있었기 때문이다. 그때부터였던 것 같다. 내가 커다란 궁전을 짓겠다고 꿈을 꾼 게 말이다. '아름다운

GVC'라는 건설회사를 경영하면서 나는 그때의 꿈을 한시도 잊은 적이 없었다. 아름다운 이야기가 흘러나오고 웃음을 만들어내는 행복한 설계를 하는 사람이 되겠다고….

청소년기에는 《갈매기의 꿈》을 읽고 감명을 받은 뒤 내 목표를 조금 더 업그레이드시켰다. 그 소설 속의 주인공 조나단처럼 '더 높이, 더 멀리, 더 빠르게' 날아보기로 말이다. 그리고 '언젠가는 갈매기의 꿈이 세상으로부터 인정받는 날'을 목표로 세웠던 그 소설의 작가, 리처드 버크처럼 나도 내가 인정받는 날을 목표로 삼았다.

목표는 아직 실현되지 않은 미래의 다른 이름이다. 그러니까 목표를 세운다는 것은 미래의 불확실한 실체를 자기 자신이 먼저 확신하는 과정인 셈이다. 그리고 이미 그 목표를 실현했다고 스스로에게 선언하는 것이다. 조나단이나 리처드 버크에게 있어서 목표는 미래에 만나게 될 그들의 또 다른 모습일 뿐이었던 것처럼 우리에게도 그렇다.

목표를 세우고 꿈을 꾸어라! 그러면 가슴 안에 나만의 나침반을 간직하게 될 것이다. 그리고 그 나침반은 꿈을 이룰 때까지 내가 가야 할 방향을 제시해줄 것이다. 다만 한 가지 주의할 점이 있다면 그 나침반은 내가 의도하고 노력하는 방향으로 향한다는 것이다. 왜 그런 시계도 있지 않은가! 손목의 움직임을 통한 진동으로 작동하는 시계, 그 시계는 내 몸에서 떨어지는 순간 얼마 안 가 바로 작동을 멈추고 만다.

마찬가지로 꿈이 살아 있지 않은 사람 속에 있는 나침반 바늘은 결코 작동하지 않는다. 그러니 명심하라! 언제나 가슴 속의 꿈이 진동하게 만들어야 한다는 것을, 그렇지 않으면 나침반 바늘이 바로 멈추어버린다는 것을….

'인생을 즐기며 살고 싶으면 즐거운 생각을 하고, 성공한 인생을 살고 싶으면 성공하는 생각을 하고, 사랑하며 살고 싶다면 사랑하는 생각을 한다. 우리가 마음속으로 생각하고 입으로 말하면 그대로 이루어진다.'고 심리치료 전문가인 루이스 헤이가 말했다. 결국 우리의 생각과 목표가 우리의 성공을 만들어가는 것이다.

그러니 미래라는 연못에 당신을 온전히 빠뜨려라! 그러면

당신의 목표가 열정과 기적을 들고 나타나 둘 다 건네줄 것이다. 당신이 세운 목표, 그것이 바로 다름 아닌 연못 속의 신령이다.

목표가 반드시 필요한 것은 우리로 하여금 노력하게 만들기 때문이다. 목표의 그릇을 키워라. 그리고 거기에 노력을 가득 담아라. 그것이 가장 빠른 성공제조법이다.

05 긍정의 힘이 악조건을 걷어낸다

안 되는 게 어디 있어?

나는 일주일에 한 번씩 개성에 다녀온다. 그곳 공단 공사시찰과 업무보고를 받기 위해서다. 차를 타고 한 시간 반 정도 가면 저 멀리 북한 땅이 보이고 나는 기다렸다는 듯 심호흡을 한다. 그러고는 맨 처음 개성 땅을 밟았던 그날을 떠올린다.

그날은 개성공단 진출 업체로 선정된 후 시찰을 하러 들어간 날이었다. 두 눈으로 생생하게 쳐다보고 두 발로 걷고 있으면서도 나는 좀처럼 눈앞의 현실을 믿을 수가 없었다. 왜 안 그렇겠는가? 군복무 시절, 그곳 경계선에서 총을 겨누던 바로 그 자리를 차를 타고 들어가고 있으니 말이다.

남측 CIQ(Customs, Immigration and Quarantine 세관. 출입국 관리. 검역)에서 출경 수속을 밟고 버스에 오르자 온몸이 경직되는 듯한 긴장감이 몰려왔다. 고개를 돌려 차창 밖을 쳐다볼 엄두조차 나지 않을 정도였다. 손가락질을 한다거나 시선을 마주쳐서도 안 된다는 주의사항 때문에 몸을 움직이는 것조차 부자연스러웠다.

긴 총을 들고 매서운 눈매로 날 쏘아보던 북한군을 처음 대하던 기분이라니…. 오금이 저려 제대로 쳐다볼 수도 없었다. 지금도 생각나는 것은 나무가 하나도 없던 메마르고 척박한 그곳 땅이다. 나무 윗동은 모두 땔감으로 써버리고 뿌리는 다 캐 먹어버렸기 때문에 그렇다는 것을 나는 나중에야 알았다.

찾아보기 힘든 것은 나무만이 아니었다. 새도 찾아보기 힘들었다. 사람도 먹을 것이 없는데 새가 먹을 것이 어디 있겠냐는 게 이유였다. 한눈에도 생태계가 무너져버린 것을 짐작하고도 남았다.

불과 한 시간 반 거리에 체제와 경제가 완전히 다른 우리 민족이 있다는 사실에 적잖이 당황스러워하며 나는 한 인물을 떠올렸다. 고 정주영 회장이었다. 그가 아니었다면 언감생심 내가 북한 땅에 건물을 지을 생각이나 했겠는가 말이다. 정주영 회장의 노력과 열정 덕에 나는 내 꿈의 일부를 이렇게 실현하고 있다고 생각한다. 그리고 그의 일화 하나가 가끔 나를 담금질하는 데 아주 요긴하게 쓰이고 있음을 함께 고백한다.

1970년대 초, 고 정주영 회장은 우리나라 최초로 26만 톤짜리 유조선을 건조한 인물이었다. 그 당시 정부의 도움이 있었다고는 하나 실질적인 것은 아니었기 때문에 정 회장은 기술도입과 차관도입을 위해 직접 발로 뛰어다녀야만 했다. 노르웨이로부터 기술도입을 약속받고 차관도입을 위해 여러 나라에 사업계획서를 제출했을 때 정 회장은 냉담한 답변을 통고받아야 했다. 이유는 한국의 조선기술이 미덥지 않다는 것이었다.

한국 같은 작은 나라에서 겁도 없이 선박을 건조할 수 있겠냐는 반응에 정 회장은 애플 도어의 롱바트 회장을 만나

영국 버클레이은행으로부터의 차관을 부탁해보기로 했다. 하지만 롱바트 회장 역시 초지일관 냉담한 반응이었다. 한국의 조선기술력에 대한 의문도 의문이었지만 정 회장이 힘주어 말하던 잠재력에 대해서도 높은 점수를 주지 않았다.

하지만 정 회장은 결코 포기하지 않았다. 포기하기는커녕 더욱 집요하게 설득하며 선박 건조에 대한 굳은 의지를 보였다. 후일담으로 전해들은 그 당시 정 회장의 의지는 그런 척박한 상황과 조건에서도 안 된다는 생각은 한 번도 하지 않았다는 것이다. 단 1%의 희망도 존재하지 않던 상황이었는데도 말이다. 오로지 정 회장이 매달린 것은 '할 수 있다는, 그리고 그렇게 될 것'이라는 긍정적인 생각뿐이었다. 그러한 긍정의 힘이 있었으므로 500원짜리 지폐를 꺼내 거북선을 보여주며 자신감을 피력했을 것이다. 그것이 바로 그 유명한 거북선 일화다.

그렇게 아무 문제없이 일사천리로 진행될 것 같던 유조선 건조는 또 다른 문제에 봉착하게 된다. 겨우 롱바트 회장의 신뢰를 얻어 영국 버클레이은행으로부터 차관을 제공받게

됐지만 과연 그 배를 누가 사가겠는가 하는 문제가 제기된 것이었다. 그 문제는 결국 아무도 배를 사주지 않는다면 상환할 능력도 없을 것이라는 의심으로 다시 돌아가고 말았다.

내세울 것이라고는 울산의 백사장 사진 한 장과 유조선 도면 한 장이 전부였던 정 회장은 고민에 휩싸이지 않을 수 없었다. 하지만 이번에도 정 회장은 1%의 긍정의 끈을 놓지 않았다. 그 힘의 위대함을 익히 알고 있었기 때문이다. 그 후 정 회장은 있지도 않은 조선소와 유조선으로 그리스의 선주 리바노스에게 배를 팔았고, 우여곡절 끝에 우리나라를 세계 선박 점유율 35%의 대국으로 올려놓았다. 정 회장은 그렇게 단 1% 긍정의 힘으로 99% 불모지의 악조건들을 모두 거두어냈다.

무슨 일이든 된다고 생각하고 시작하는 경우가 안 된다고 생각하는 경우보다 성공확률은 훨씬 높다. 왜냐하면 안 된다고 생각하는 그 순간부터 일은 안 되는 쪽으로 흘러가기 때문이다. 그러다 보면 주변의 온갖 기운들도 모두 안 되는 쪽으로 방향을 틀어 가게 된다.

긍정적인 사고가 좋은 것은 희망을 갖고 실천하게 만들기 때문이다. 실천한다는 것은 바로 의지가 현실로 나타나는 것이고, 그것은 곧 성공의 단초가 된다. 성공은 내가 끌려가는 것이 아니라 그것을 내 쪽으로 끌어오는 것이다. 성공한 사람들과 성공하지 못한 사람들의 차이는 한계가 찾아왔을 때 그것을 이겨내는 법을 스스로 깨우치느냐 그렇지 못하냐의 차이일 뿐이다.

내가 믿고 있는 것은 1%지만 확신하는 것은 100%이다.

06 포기하는 바보보다 넘어지는 천재가 되라

넘어지는 순간 일어나는 방법을 찾아라

실수하지 말고 실패하지도 말라! 하지만 넘어지는 것은 괜찮다. 다만 그냥 넘어지지는 마라. 반드시 넘어지게 만든 것에 대해서 대처할 방법을 생각하면서 일어서라. 그것이 바보가 되지 않는 방법이다.

바보와 천재의 차이가 뭘까? 바보는 길을 가다 돌부리에 걸려 넘어지면 돌을 탓하는 사람이고, 천재는 돌을 못 보고 넘어졌으니 내 잘못이라고 생각하는 사람이다. 바보는 한참 뒤에 다시 돌에 걸려 넘어져도 또다시 돌을 탓할 것이다. 그러고는 그냥 그곳을 지나간다. 그래서 바보다. 천재는 그 돌을 치워놓고 지나간다. 그래야 나도 그 누구도 그 돌부리에 넘어져 다치는 일이 없다고 생각하기 때문이다.

아무리 애를 쓰고 노력을 한다고 해도 우리는 어려움이라는 돌에 걸려 넘어질 때가 있다. 하지만 돌은 그저 돌일 뿐이다. 나를 넘어지게 만든 구실이었을 뿐, 결국 넘어진 건 바로 나라는 것이다.

우리는 무슨 일을 하다가 중도에 포기하면서 온갖 구실을 갖다 붙인다. 그러면서 포기한 주체는 결국 자기 자신이었다는 사실조차 까맣게 잊고 만다. 때로는 스스로 포기를 선택해놓고도 아니라고 우기기까지 한다. 그렇게라도 해서 면죄부를 얻고 싶은 것이다.

할 수 있다고 생각하고 일을 하는 사람과 할 수 없다고 생각하고 일을 하는 사람의 실적은 비교할 수 없을 만큼의 차이가 난다.

아무리 어려운 일이라도 할 수 있다고 생각하면 정말 할 수 있게 되는 것이다. 신에게 기도하고 우주에 텔레파시를 보내야만 바라던 일이 이루어지는 것은 아니다.

나 자신에게 간절하게 바라고 텔레파시를 보내보라. 온몸

구석구석 신경세포가 알아듣도록 그렇게 애절하고 강하게 말이다. 그러면 무한한 가능성의 에너지가 자신 안에서 뭉쳐질 것이다.

안 된다고 말하는 것은 스스로에게 에너지가 없기 때문이다. 새로운 일에 도전하려는 에너지도 없고 어려움을 헤쳐나가려는 에너지도 없다. 다만 멀찌감치 떨어져서 고개를 가로저어 'No'라는 말을 할 에너지만 존재한다. 그들에게는 에너지를 바꾸는 작업이 필요하다. 'No'를 'Yes'로 변환하는 작업 말이다.

간혹 자신의 여건을 탓하며 푸념을 하고 지레 포기하는 사람들을 볼 때가 있다. 여건을 탓하는 사람은 조건이 되어 있지 못한 사람들의 옹색한 변명일 뿐이다. 여건과 조건을 잘 구분해라. '여건'은 내가 만드는 것이다. 다만 그 여건을 만드는 데 있어서 몇 가지 갖추어야 할 '조건'이 있을 뿐이다.

위기를 기회로 활용할 수 있는 것은 항상 준비하고 있는 사람들만의 특권이다. 아무나 그렇게 할 수 있는 것이 아니다. 할 수 있다고 생각하고 해도 넘어질 일이 많은데 할 수 없다고 생각하고 하는 일이 오죽하겠는가! 포기하고 싶어지거든 차라리 그냥 한 번 넘어졌다가 일어나라. 그게 포기하는 것보다 낫다.

장인의 기술

장사꾼이 아닌 장인이 돼라

01 세 가지 '살아남기'에 성공하라

살아남는 세 가지 방법을 찾아라

인간의 성이 종족 보존을 위해 필수적인 것이라면 음식은 인간의 생존을 위해 필수적인 것이다. 그러니까 음식은 태초부터 지금까지 인류라는 존재를 있게 한 아주 중요한 두 가지 중에 한 가지인 것이다.

다윈이 '진화론'에서 '살아남는 자는 강한 종이 아니고 우수한 종도 아니다. 변화하는 종만이 살아남는다.'라는 말을 했다고 한다. 음식장사에서도 마찬가지다. 변화하지 못하면 살아남지 못한다. 여기에서의 변화는 무작정 탈바꿈과 전환을 꾀하라는 얘기가 아니다. 고객의 트렌드를 읽고 따라가되 장인으로서의 고집은 고수하라는 뜻이다.

여든이 된 콩비지찌개집 K 할머니는 지금도 그 나이에

4~5시간이나 걸려 만드는 콩비지를 하루에 두 번씩이나 직접 제조하고 있다. 놀라운 것은 얼마 전까지만 해도 맷돌을 사용했다는 것이다.

수입 콩은 절대로 쓰지 않고 모자란 음식은 언제든지 더 먹을 수 있게 개방해놓는 것도 수십 년 된 할머니만의 고집이었다. 그 집에 가면 콩비지찌개를 먹고 오는 것이 아니라 마치 한 장인의 정성스러운 작품 하나를 먹어치우고 온 느낌이 든다. '마음이 흐트러지면 음식이 흐트러진다.'는 할머니의 말처럼 어쩌면 장인의 음식은 손끝에서 만들어지기 전에 이미 마음에서 만들어지는 것인지도 모른다.

한동안 서점에서는 《무인도에서 살아남기》, 《빙하에서 살아남기》, 《아마존에서 살아남기》 등의 '살아남기'시리즈가 유행했다. 어린이 과학 동화인데 어른이 읽어도 손색이 없는 아주 재미있는 내용들이다. 그 책들이 재미있었던 이유는 생존과 직결되는 실제적인 사례들이었기 때문이다. 그 책들을 다 읽고 나서 나는 살아남는다는 것은 남들보다 유리해진다는 사실을 깨달았다. 그리고 그 유리해진 상태를 유지함으로써 우위를 차지한다는 것도….

1. 경쟁에서 살아남기

음식장사 경쟁에서 살아남기란 결코 쉬운 일이 아니다. 까다로운 고객의 입맛을 사로잡아 그 분야에서 으뜸이 된다는 것은 마치 무인도나 빙하, 혹은 아마존에서 살아남는 것에 비유될 만큼 어려운 일이다. 《무인도에서 살아남기》라는 책에 나오는 '살아남기 원칙들' 중에서 '창의성을 최대한 발휘하고 현재 지점을 파악하라.'는 대목은 음식장사에서도 똑같이 적용되는 점이다.

음식을 팔면서 창의성을 발휘하라니 무슨 뜬금없는 이야기인가 싶겠지만 아무리 똑같은 음식을 파는 프랜차이즈일지라도 그 점포만의 독특한 분위기와 서비스는 있는 법이다. 보편성을 고수하는 프랜차이즈이지만 그런 와중에도 특수성을 띠고 경쟁에서 앞서나가는 그런 점포를 말한다.

무인도에서 살아남으려면 자신이 지금 어느 위치에 있는지를 아는 것이 중요한 것처럼, 음식장사에서도 현재의 위치를 제대로 파악해야 앞으로 나아갈 방향을 확실하게 정할 수 있다.

'경쟁력이 있어야 살아남는 게 아니라 살아남는 게 경쟁력이다.'라는 말이 있는 것처럼 음식장사에서도 살아남는 것이 곧 경쟁력이다. 음식점을 경영하면서 가장 신경 쓰이는 경쟁은 바로 고객유치 경쟁이다. 경쟁점보다 월등하게 많은 고객이 내점한다면 아무 문제가 없겠지만 그렇지 않을 경우, 어떻게 하느냐, 하는 것이다.

고객의 유형은 신규고객이 고정고객으로, 고정고객이 단골고객으로, 단골고객이 충성고객으로 이어지는 흐름으로 변화한다. 다시 말해 신규고객을 많이 확보하는 것이 충성고객을 많이 확보한다는 공식이 성립되는 것이다. 하지만 제아무리 신규고객을 많이 확보했다 하더라도 충성고객으로 이어지지 않는 경우들도 허다하다. 시간이 흐르면서 신규고객 중에 내점하지 않는 고객들이 생겨나기 때문이다. 그러므로 신규고객은 많이 확보하면 할수록 좋다. 하지만 그렇게 신규고객을 많이 확보해 놓는다고 해서 끝이 나는 것은 아니다. 일단 조건적인 면에서 유리하다는 것이지, 경쟁을 그만둘 수는 없기 때문이다. 그럼 어떻게 해야 할까? '객단가'와 '재료', '대신'으로 살아남으면 된다.

'객단가'로 살아남기

객단가를 올리는 방법은 단품 메뉴로 객단가를 올리는 것보다는 세트로 묶거나 코스로 개발해 객단가를 높이는 것이 유리하다. 가령 예를 들어 짬뽕과 짜장면을 하나의 그릇에 같이 담아 파는 짬짜면이나 복짬면 등은 고객의 욕구에 부합하면서도 객단가를 올린 아주 좋은 예라고 할 수 있다.

객단가를 올리는 또 다른 방법은 고객이 추가주문을 하도록 유도하는 것이다. 일반적으로 볼 때, 고객은 음식점에 들어서기 전, 이미 예산을 책정하고 있기 때문에 추가로 주문을 유도하기가 쉽지 않다. 고객이 이런 예산을 깨고 추가로 주문을 더하는 것을 추장판매(推奬販賣)라고 하는데, 이것을 유도할 때는 아주 자연스럽고 조심스럽게 해야 한다. 가장 효과적인 방법으로는 종업원들이 서빙하는 도중에 더 필요한 게 없는지를 고객에게 물어보는 것이다. 이때 종업원은 고객으로 하여금 강요당한다는 생각이 들지 않도록 해야 한다.

'재료'로 살아남기

신사동 일대의 꽃게요리집들, 남한산성 일대의 닭죽집들처럼 같은 업종의 음식점끼리 몰려있는 곳들이 있다. 같은 곳에서 같은 재료를 가지고 만든 음식으로 승부수를 띄워야 하는 이곳 점주들에게, 다른 지역 음식점 점주들보다 더 극심한 경쟁심리가 작용할 것은 뻔한 일이다. 그렇다고 해서 단점만 있는 것은 아니다. 그곳 일대를 브랜드화시켜 고객들에게 좀 더 전문적인 '먹자골목'으로 인식될 수 있기 때문이다. 실제로 위의 음식점들은 그렇게 브랜드화시키고 나서 매출이 20% 이상 올랐다고 하니 어쩌면 이렇게 몰려 있는 것 자체가 경쟁력이 아닌가 싶기도 하다.

하지만 고객들의 인식은 인식이고 경쟁을 피할 수는 없는 일이다. 그렇다면 같은 음식을 팔며 한군데에 밀집해 있는 점주들의 경쟁은 과연 어떨까?

그들의 경쟁은 '같은 재료 속에 색다른 재료'를 첨가함으로써 차별화를 꾀하는 것이다. 예를 들어 똑같은 닭죽에 녹두를 넣어 비린내를 없애는 비결로 차별을 꾀한다거나 황기나 오가피를 넣어 독특한 향과 맛으로 승부수를 띄우는 식으로 말이다.

'대신'으로 살아남기

어느 곳에서나, 누구나 제공할 수 있는 서비스를 하면서 경쟁을 할 수는 없다. 너도 나도 다 하는 것은 고객에게 더 이상 매력적이지 않기 때문이다.

무조건 싼 가격을 제시하는 것도 결국엔 제 살 깎아먹는 결과를 낳을 뿐이다. 음식값은 그 음식점의 자존심이고 그 음식에 대한 책임이기 때문에 그만큼의 서비스를 제공해야 하는 것은 당연한 일이다.

그러므로 음식값은 제대로 받되 그 '대신'에 해당하는 다른 무엇을 준비하라는 것이다. 마지못해 주는 '덤'의 개념이 아니라 고객의 뇌리에 각인될 확실한 그 '대신'이 되도록 말이다.

경쟁점과 치열한 고객유치 다툼을 하거나 서로를 깎아내리려고 비방하는 것만이 경쟁은 아니다. 전단지를 돌리거나 매체에 광고를 하고 이벤트 업체를 불러 행사를 하고, DM을 발송하는 것만이 경쟁에서 살아남는 방법도 아니다.

진정한 경쟁은 아무도 넘보지 못하는 '최고의 경쟁자'로 살아남는 것이다.

그러려면 경쟁을 즐기는 수밖에 없다. 경쟁을 해야 한다는 것을 꼭 나쁘게만 생각하지 말자. 경쟁은 적당한 자극을 주고 한 발 더 나아가게 해주는 에너지를 제공한다. 경쟁에서 살아남는 방법, 그것은 바로 경쟁 자체를 즐기는 것이다.

2. 경험으로 살아남기

얼마 전 아들 녀석이랑 〈적벽대전 2〉를 보러 갔었다. 아직 초등학생인 아들 녀석이 삼국지의 역사를 완전히 이해하기는 어렵겠지만 관우, 장비, 유비, 제갈량 같은 아는 이름이 나오자 영화에 푹 빠져들기 시작했다.

적벽대전의 묘미는 바로 머리싸움이다. 당시 주유와 유비의 연합군에 소속돼 있던 제갈량은 화살이 부족하자 사람모형으로 만든 볏단을 배에 싣고, 바다를 건너가 조조로부터 10만 개의 화살을 구해온다. 안개와 밤 시간대라는 자연적 조건을 염두하고 감행한 작전이었는데, 과연 당대의 지략가라는 평을 들을 만한 계획이었다. 이러한 제갈량의 지략은 조조의 대군을 물리치기 위해 화공(火攻)전략을 써야 하는 장면에서 더욱 빛을 발하는데, 북서풍의 방향이 불리하니 그것이 바뀔 때까지 기다리자고 제안을 해 결국 큰 승리를 거둔다. 제갈량의 이런 작전들은 탁상공론과 상상에서 비롯된 것이 아니라, 삶의 경험에서 비롯된 것이라는 점에서 많은 생각을 하게 만든다. 무슨 경험을 하던 그것은 삶의 적재적소에서 언젠가 반드시 빛이 되어 나타나기 마련이다.

몸이 아파 병원에 가면 히스토리가 있냐는 질문을 받을 때가 있다. 히스토리란 그 사람이 가지고 있는 병력을 말한다. 병원에서는 과거의 병력이 지금 상태에 어떤 영향을 미치고 있는지 알아보려고 환자의 과거 상태를 물어보는 것이다. 그러고 보면 과거라는 것이 그냥 흘러간 시간 개념만은 아닌 것이다. 과거는 이미 흘러간 시간이기도 하지만, 현재에 반영되고 미래를 결정하는 아주 중요한 경험이기 때문이다.

젊은 시절 혈기 넘치는 열정으로 얻을 수 있는 경험도 소중하고, 나이가 들어 삶의 여유로 얻을 수 있는 경험도 소중하다. 경험은 돈을 주고 살 수 있는 것도 아니고, 누가 대신 해줄 수 있는 것도 아니다. 시간을 투자하고 삶을 진지하게 사는 것으로부터 얻어지는 오롯한 나만의 재산이다. 그렇게 얻어진 경험은 한계에 부딪칠 때마다 그것을 극복하게 해주는 지혜와 힘을 부여한다. 음식장사에서도 마찬가지다. 과거에 무슨 일을 했건 어디에 있었건, 성공한 경험이건 혹은 실패한 경험이건 그로부터 무엇이든지 배운 바가 있다면 남보다 우월한 경쟁력을 갖게 되는 것이다.

3. 경청으로 살아남기

'내가 만든 음식이 맛있는지 알려면 문 밖으로 나가라.'는 말이 있다. 고객의 소리는 음식점 밖에서 듣는 게 훨씬 더 정확하다는 얘기다. 생각 같아선 고객들이 음식을 먹으면서 그것에 대한 칭찬이나 조언, 불평을 더 많이 할 것 같지만 실상은 그렇지가 않다. 고객의 소리를 따라가려면 음식점 밖에서 잠시 서성거려 보라. 의외의 소리들을 듣게 될 것이다.

지금은 강남에서 내로라하는 설렁탕집을 하는 H씨는 출점한 지 얼마 안 돼 고객들의 반응이 무척 궁금해지자 한동안 주차관리를 했었다고 한다. 차를 타면서 "고기가 좀 질기지 않았어?"라고 옆 사람에게 말하는 고객이나 "깍두기가 너무 시어."라고 말하는 고객의 말을 들으며 많은 도움이 됐다고 한다.

고등학교 동창 중에 영화감독이 하나 있는데 자신의 영화가 어떤 반응을 보이는지 알기 위해 상영종료 시간에 맞춰 영화관 밖에 서 있었다고 한다. 그렇게 서 있다 보면 아주 실감나는 영화평을 들을 수 있다고 했다. 요즘은 그 친구가 꽤나 유명해져서 예전처럼 그렇게 할 수는 없지만 그때 그 경험은 아주 유용한 것이었다고 한다. 그러고 보면 음식이든 영화든 문 밖만큼 확실하게 고객의 소리를 들을 수 있는 곳이 없는 모양이다.

'많이 들을수록 할 일은 적어진다.'는 말이 있다. 이것은 고객을 상대하는 업종이라면 누구나 감안해야 할 원칙이기도 하며 우리 아름다운 FC의 '소쿠리 원칙' 중의 하나이기도 하다. 소쿠리는 원래 대나 싸리로 만들어 채소나 곡물의 물기를 빼내는데 사용하는 그릇인데, 아름다운 FC의 원칙을 그 소쿠리에 비유하는 것은 항상 그것을 비워두고 고객의 소리를 듣겠다는 의미에서다. 점주나 종업원이 고객의 소리를 경청하면 할수록 소쿠리 안에 불만과 문제점, 정보는 쌓여갈 것이다. 그렇게 쌓인 것들의 원인을 분석하고 필요 없는 물기를 빼내 알짜 앙금만 남게 하는 것이다. 그게 바로 경청의 기술이다.

서비스하지 마라

02

2%를 채워주는 서비스가 감동으로 돌아온다

레스토랑을 십여 년 간 운영해오던 친구가 이런 말을 한 적이 있다. 고객은 자신이 대학교 때 짝사랑하던 여학생 같다고…. 늘 바라보고 조심스럽게 다가가도 별로 좋은 소리도 못 듣고 사랑하고 있다는 사실도 알아주지 않는다고…. 같은 자리에 있던 지인들은 그 소리를 들으며 한바탕 웃고 말았지만 그 말은 의미심장한 교훈과도 같아 한동안 씁쓸한 기분을 떨칠 수가 없었다.

맞는 말이다. 고객은 언제나 등을 보이며 달려가기 바쁜 토끼와 같다. 토끼와 거북이의 경주에서 뒤도 돌아보지 않고 그들이 원하는 목적지만 도달하려고 애쓰는 욕심쟁이 토끼 말이다. 거북이의 역할을 담당한 음식점 점주들 입장에선 그런 토끼의 등이 야속하고 부담스러울 때가 많다.

그렇다고 해서 토끼가 거북이가 되고 거북이가 토기가 될 수는 없는 노릇이다. 언제까지나 토끼는 토끼고 거북이는 거북이인 것이다. 다만 토끼에게 그들을 앞질러 갈 수 있는 거북이도 있다는 사실을 알게 해줌으로써 감동을 주어야 할 뿐이다.

고객들은 음식점에 오면서 몇 가지 이기적인 점들을 표출한다. 첫째, 기억되고 관심받기를 바란다. 둘째, 더 나아가 중요한 사람으로 대접받기를 원한다. 셋째, 저렴하게 지불하면서 그 가치의 몇 배나 더한 서비스를 받고 싶어 한다. 이렇게 고객은 바라는 것도 많고 갖고 싶은 것도 많은 사람들이다. 하지만 그들이 무리한 욕심을 내는 것이라고 말을 할 수는 없다. 음식점 점주는 고객에게 항상 100%의 비용가치를 지불해야 할 의무가 있다. 그중에 98%는 음식의 맛이다. 나머지 2%는 서비스다.

음료수 중에 '2%'라는 것이 있다. 우리 몸에서 2% 부족분을 채워주겠다는 의도로 이름을 지었다고 한다. 그 음료수를 마시면 정말 부족분이 채워지는지 알 수는 없지만, 2%의 서비스가 채워지지 않은 음식을 먹고 간 고객의 반응이 어떨지는 확실하게 알 수 있다.

고객은 음식을 먹으면서 동시에 그 시간과 음식점의 분위기까지 즐기는 것을 외식의 목적으로 삼는다. 결국 그 모든 것이 합해져 만족도를 이루게 되는 것이다. 음식이 아무리 맛이 있다고 해도 제대로 된 서비스를 제공받지 못해 결국 100%의 만족도를 실감하지 못한 고객이라면 식사를 마치고 난 뒤에도 왠지 뒤끝이 개운하지 않을 것이다. 그런 상태에서 다시 또 그 음식점을 찾아올 고객은 없다. 음식의 맛에만 치중하느라 서비스가 뒷전인 그런 음식점들은 그것 때문에 결국 손해를 보게 되는 것이다. 서비스는 해도 되고 안 해도 되는 선택사항이 아니라 반드시 해야 하는 필수사항이다.

가끔 강의를 하러 간 자리에서 나는 '서비스를 하지 마라.'는 역설적인 내용을 강연한다. 서비스는 하는 게 아니다. 하려고 마음먹은 순간, 서비스의 본질은 사라진다. 고객에게 서비스를 하려고 하지 말고 사랑을 해야 한다. 그것이 설령 짝사랑이라서 고객이 더디게 알아주더라도 알아줄 때까지 참고 기다려야 한다. 왜냐하면 고객들은 반드시 그 사랑의 몇 배를 돌려주기 때문이다.

얼마 전 명동에 있는 한 백화점 일식집에서 지인과 점심 식사를 했던 적이 있었다. 자리에 앉아 막 메뉴를 결정하고 주문하려던 순간, 어린아이의 울음소리가 들려 쳐다보니, 식사를 하던 젊은 부부가 쩔쩔매며 아이를 달래고 있었다. 부부는 아이가 잠깐 낮잠을 자는 사이 점심을 먹으려고 했던 모양이었다. 아이의 울음소리가 점점 커지자 주위의 시선이 따가웠는지 부부는 숟가락을 놓고 자리에서 일어서려고 했다. 그때 점주가 부부에게로 다가가 아이를 봐줄 테니 마저 식사를 하라고 했다.

'손녀를 가끔씩 봐줘서 아이는 잘 봐요. 식사를 반도 못하셨는데 얼른 드세요.'라고 말하며 능숙한 솜씨로 아이를 다시 재웠다. 그러고는 국물이 식었다며 종업원을 시켜 다시 데워다주기까지 했다. 잠든 아이를 쳐다보며 아주 맛있게 식사를 하는 부부와 꼭 자식을 바라보는 듯한 눈길로 서 있는 점주를 번갈아 쳐다보며 서비스란 의례적인 것도, 공식적인 것도 아닌 그저 '사랑'이라는 생각이 들었다.

서비스 위에 서비스를 더하라

03 고객의 행복이 곧 나의 행복

고객은 돈을 낸 음식에 대해서는 결코 고마워하거나 감동하지 않는다. 그러니 고객에게 어필을 해야 하는 것도, 경쟁력으로 삼아야 할 것도 음식이 아니라 바로 '서비스'다.

서비스는 대개 두 가지 개념으로 나뉜다. 하나는 무형의 서비스 즉, 배려와 관심, 친절 같은 것이고 다른 하나는 유형의 서비스로 사이드 메뉴를 서비스하는 것이다. 두 가지를 굳이 비교하자면 무형의 서비스는 오래 가고 정을 느끼게 하는 반면, 유형의 서비스는 확실하고 직접적이다.

내가 자주 가는 B 전복횟집은 유형과 무형의 서비스를 아주 잘 제공하는 곳이다. 점주는 주문한 메뉴 이외에 그날 들어온 생선으로 싱싱한 회를 꼭 한 접시씩 대접한다. 단골손님에겐 직접 회 접시를 들고 들어와 '입맛에 맞으실지 모르겠다.'는 인사말까지 하는 성의를 보인다. 뿐만 아니라 시끄러운 것을 좋아하지 않는 내 성격을 파악하고는 홀에서 가장 먼 쪽 방을 예약해둔다. 처음 한두 번은 그러려니 했는데 계속 반복되다 보니 그런 주인의 배려가 마음에 와 닿았다.

한 가지 예를 더 들어보자. 압구정동에 꽤나 유명한 김치찜 집이 있다. 한창 유행하던 묵은지를 이용해 찜과 찌개 요리를 만드는 이곳은 언제나 문전성시를 이룬다. 언젠가 가족과 함께 밥을 먹으러 갔다가 점퍼를 놓고 온 적이 있었다. 막 초여름에 접어들기 시작한 날씨라 벗어두고도 그냥 잊어버린 채 집으로 왔던 것이다. 그렇게 며칠이 지났는데 전화 한 통이 걸려왔다. 나를 찾는 50대 초반의 남자였다.

"아이구, 사장님! 사장님 찾는 데 스무고개 했어요."

"네? 무슨 말씀이세요?"

"사장님, 지난번에 점퍼를 놓고 가셨더라고요. 점퍼 안주머니에 다른 분 명함이 한 장 들어 있길래 수소문해서 전화를 드렸습니다."

전화를 끊고 나서 한참 동안, 가슴 저 밑바닥에 뭉클한 무엇이 가라앉는 것 같았다. 주인이 건네주는 점퍼를 받으며 나는 감사하다는 형식적인 인사 밖에 할 수 없었지만 그보다 더 진하고 감동적인 사랑을 덤으로 받았다는 생각이 들었다.

고객으로 하여금 이렇게 감동과 사랑을 느끼게 하는 음식점이 있는가 하면 그 반대의 경우도 있다. 바로 먹는 것으로 인심이 나게 만드는 음식점이다. 우리 민족은 옛날부터 먹는 것에 관한 한, 굉장히 많은 의미를 부여해온 사람들이다. 오죽하면 어른을 만나 맨 처음 하는 인사말이 진지 드셨냐는 것이겠는가. 우리 민족은 먹는 것에 문제가 없으면 다른 일들도 모두 평안하고 안정된 것으로 생각했던 것이다.

그래서 옛날 어른들은 집에 찾아온 손님을 대접하는 것

중에 가장 으뜸은 바로 음식대접이라고 생각했다. 그만큼 음식은 예나 지금이나 우리 일상에서 아주 중요하게 여겨지는 부분이다. 그래서 그런지 고객들은 아직도 음식점에서 음식에 값을 매겨가며 가져오는 것을 달가워하지 않는다. 아무리 돈을 주고 음식을 사먹기는 하지만 여전히 그것은 상품적 가치보다는 대접을 받는다는 것에 더 의미를 두고 있는 것이다.

그렇기 때문에 식사를 하고 있는 중간에 음식으로 인해 고객이 서운함을 느꼈다면 그 기억은 아주 오래 간다. 가령 추가 주문을 할 때가 그렇다. 몇 번을 더 시켜도 웃으면서 가져다주는 집이 있는가 하면 눈치를 보게 만드는 집이 있다. 고객은 한 번 눈치를 보게 되면 식사를 마치는 내내 마음이 불편해진다.

추가 주문을 하는 것도 엄연한 주문이다. 고객이 추가 주문을 한다는 것은 그만큼 그 음식이 맛있다는 소리고, 그 음식을 먹으며 충분히 즐거워하고 행복해했다는 뜻이다. 점주는 추가 주문을 하는 고객에게 적자 운운하며 투덜거리기 전에 우선 감사해야 한다. 맛이 있다는 고객들의 간접 반응이기 때문이다.

추가 주문 시 상냥하게 웃으며 음식을 서비스해주는 것은 그냥 음식 한 접시를 가져다주는 일이 아니라 고객에게 행복과 즐거움 한 접시를 더 갖다주는 일이다. 그러니까 음식 한두 접시에 인색해 하지 말고 기쁜 마음으로 대접하면 된다. 음식점에서 음식을 아끼는 일처럼 속 보이는 일은 없다. 고객이 원하는 만큼 퍼주어도 남는 장사가 바로 음식장사다. 되로 줘도 말로 충분히 받을 수 있는 장사이기 때문이다.

그것이 음식의 맛이든 서비스든 간에 고객들은 음식점에 들어오기 전에 그들 나름대로 기대치를 정하게 된다. 하지만 아이러니하게도 고객들은 항상 자신들의 기대치보다 더 높은 만족을 얻기 바란다. 그리고 그런 기대치에 만족했다면 고객은 머릿속에 그것을 깊이 저장해두고 싶어 한다.

고객의 기억에 오래 남는 음식점이 되고 싶다면 점주만의 씨크릿 메뉴를 보유하면 된다. 거기서 거기인 음식을 먹는 일은 기억에 오래 남지도 않고 다시 찾아가고 싶은 생각도 들게 만들지 않는다. 흔한 것은 원래 생명력이 짧은 법이며 감동적이지도 않다. 그러니 고객이 자신의 음식점을 찾아온 그 순간부터 점주는 기억에 남는 곳이 될 수 있도록 최대한 장점을 어필해야 한다.

인사동의 한 전라도음식 전문점은 벌교 꼬막으로 여러 가지 음식을 팔고 있는데 고객들에게 가끔 서비스로 꼬막죽을 내온다. 뭉근하고 고소한 맛이 일품인 그 죽은 정식 메뉴에는 포함되어 있지 않지만 맛이 독특해서 그것을 먹기 위해 일부러 그곳에 가는 사람들이 있을 정도다. 한창 꼬막 철이 되면 나는 그 집이 생각난다. 내 머릿속엔 꼬막, 하면 자동적으로 그 집이 떠오르도록 저장되어 있는 것이다. 고객은 그렇게 음식에서 만난 임팩트를 쉽게 잊지 못한다. 그것이 가격대비 음식의 맛일 경우도 그렇지만 거기에 금상첨화처럼 특별한 메뉴가 더해질 때 더욱 그렇다.

한번은 용문사 근처 한 바비큐집에 갔던 적이 있었다. 지인들과 등산을 하고 내려오는 길에 유난히도 사람들이 북적

거리는 집이 있어 들여다보니 숯불에 고기를 굽는 집이었다. 어렵사리 자리를 잡고 앉아 식사를 하고 있는데 점주가 고객들의 식탁을 돌며 어느 음식이 어디에 좋은지를 일일이 소개하고 다니는 것이 눈에 띄었다. 점주 왈, 잘 절여져 숙성된 깻잎에 고기를 얹고 앞니로 살짝 깨물면서 고유한 향을 느껴보라는 것이다. 나는 점주에게 다가가 그렇게 일일이 고객들에게 설명해주는 이유를 물었다.

'고객들이 음식을 알고 드시는 것과 모르고 드시는 것은 많이 다릅니다. 음식은 배가 고파서 먹기도 하지만 몸에 이로운 영양분을 섭취하기 위해서도 먹지 않습니까? 우리 몸 어디에 좋은 음식인지 알고 서로 궁합이 맞는 음식을 먹으면 더욱 보약이 되는 법이지요.'

그제야 문밖으로 길게 늘어선 사람들이 왜 그러고 있는지 이해가 되었다. 음식은 맛도 맛이지만 맛 이상의 그 무엇이 있어야 하는 것이다. 그래야 대박이 나는 것이다. 음식에도 궁합이 있어 음양의 조화를 이루어야 되는 것이지만 고객에게도 궁합이 맞는 점주가 있는 것이다. 바로 서비스를 제대로 할 줄 아는 점주다.

아무튼 나는 점주의 그 모습이 너무 인상적이어서 바비큐 만드는 법을 전수받아 한동안 음식점을 경영했다. 물론 건설업을 하고 있던 중이라 그 일에 전적으로 뛰어들지는 못했지만 그때 그 감동과 호기심이 오늘날 내가 음식경영을 하게 된 발단인 것만은 틀림없는 사실이다.

점주의 기발한 아이디어가 서비스로 작용한 경우도 있다. 예를 들면 경기도의 한 순두부집은 출입문 앞 절구통 안에 비지를 한 봉지씩 담아놓음으로써, 고객들에게 뜻밖의 선물을 제공한다. 가정에서 비지를 잘 만들 수 없다는 데서 착안한 것인데 어차피 두부를 만들고 나면 생기는 비지를 이용해 일석이조의 효과를 누린 서비스다.

그런가 하면 대학가 주변이나 지하철 역 주변 대형 맥주전문점 같은 경우, 스포츠에 관심이 많아진 우리나라 사람들의 트렌드를 반영해 대형 스크린을 설치해서 축구나 피겨스케이트 경기를 볼 수 있게 하는 서비스를 하는 곳도 많아졌다.

이처럼 서비스는 정형화되어 있는 것이 아니다. 고객의 입장에서 만족을 느끼면 그게 바로 최상의 서비스가 되는 것이다. 그것이 역발상이든 기발한 아이디어든 간에 그것을 실행에 옮겨 고객과 행복한 커뮤니케이션을 이루는 것이 중요하다. 그것이 바로 단골을 부르는 비밀이며 성공의 지름길이다.

'한 발 먼저' 서비스와 '바로 지금' 서비스

04

한 발 먼저 다가가 타이밍을 맞춰라

종업원의 역할에 따라 음식점의 매출이 올라갈 수도 있고 내려갈 수도 있다는 사실에 이의를 제기할 사람은 아무도 없을 것이다. 그렇다면 어떤 종업원이 서빙을 할 때 매출이 올라가는 것일까? 그것은 고객들이 원하는 것을 눈치 빠르게 파악하고 그 시점에 맞게 서비스하는 종업원이다.

고객이 음식을 주문하고 그것을 모두 먹고 나갈 때까지 종업원들은 오로지 고객과 고객이 먹는 음식에 집중하고 있어야 한다. 음식점에서의 서비스는 고객이 음식을 먹는 행위와 종업원이 그 음식을 서빙하는 행위 사이의 교감과 커뮤니케이션이다. 그러므로 그 사이에 교감이 이루어지지 않고 커뮤니케이션의 불일치 현상을 초래한다면 제대로 된 서비스를 했다고 할 수가 없다.

서비스 중에는 '바로 지금' 해야 하는 서비스와 '한 발 먼저' 해야 하는 서비스가 있다. 서비스도 시간 싸움을 할 때가 있다는 것이다. 이것은 고객이 어떤 상황에 처해 있느냐에 따라 결정되는 것인데, 이런 상황적 서비스에 대처하기 위해 점주를 비롯한 종업원들은 항상 고객의 식탁을 주시하고 있어야 한다.

마치 어머니가 식구들의 밥상을 차려주고 옆에 앉아 무슨 반찬이 떨어졌나, 누가 어떤 반찬을 얼마나 맛있게 먹나를 주시하고 있듯이 말이다. 온 집안 식구가 둘러 앉아 그렇게 식사를 하고 있을 때 우리 어머니는 항상 식구들 뒤편에 앉아계셨다. 식구들의 뒷수발을 들기 위해서였다. 그리고 반찬이 떨어지기도 전에 그 반찬을 담은 다른 접시를 내놓으셨다. 식구들이 식사를 하는 도중에 조금이라도 불편을 겪게 하지 않으려는 어머니의 배려였다.

어머니의 이런 '한 발 먼저 서비스'는 식구들에 대한 배려이자 사랑이었다. 마찬가지로 고객이 찾기 전에 그보다 한 발 먼저 서비스하는 것은 고객에 대한 무한한 관심이자 배려인 것이다. 단지 그것이 어머니의 서비스와 다른 점이 있다면 감동을 목적으로 한다는 것이다. 고객이 요청한 뒤에 행하는 서비스는 너무나 당연한 것이기 때문에 감동을 자아낼 수가 없다. 그러니 한 발 먼저 해야 하는 타이밍을 놓치지 말고 서비스해야 한다.

서비스에도 맛이 있다. 음식에도 가장 맛있는 적기가 있듯이 서비스에도 적기에 행해져야 그 맛의 최고점을 받을 수 있는 것이다. 그래야만 고객이 한 번 맛본 서비스를 평생 잊지 못하는 것이고 그 서비스에 인이 배길 수 있는 것이다.

우리 어머니 얘기를 조금 더 해야겠다. 가끔은 어머니가 새로 개발해서 선보이는 메뉴가 있었는데 그런 날은 식구들의 반응을 더욱 유심히 지켜보셨다. 만약 그 반찬에 대해서 식구들의 반응이 신통치 않을 때면 식사가 끝나고 난 뒤 어머니가 심각한 눈빛으로 "맛이 없냐?"라고 묻곤 하셨다.

우리 형제는 "미나리 향이 너무 강해요." 내지는 "참기름을 너무 많이 넣었어요." 같은 각자의 의견을 피력했다. 그럼 어머니는 그 의견들을 수렴했다가 다음 번 반찬을 만들 때 참고하시곤 했다. 잔칫날이 되어 집에 손님들이 많이 찾아오는 날이면 어머니는 손이 열 개라도 모자랄 정도였지만 그 바쁜 와중에도 어떤 손님이 무슨 반찬을 얼마나 드시고 밥은 얼마나 드셨는지 모두 알고 계셨다. 그런 어머니가 하도 신기해서 "어머니는 사람들이 무엇을 맛있게 얼마나 먹었는지 어떻게 아세요?"라고 물은 적이 있었다. 그러자 어머니는 "손님을 대접하는 사람은 그래야 한다."라고 말씀하셨다. 음식점을 경영하게 되면서 나는 종종 어머니의 그 말씀을 떠올리게 된다.

자식을 바라보며 자신이 만든 음식을 아주 맛있게 먹어주는 모습에 흐뭇해하시고 어떻게 하면 입맛에 더 맞고 감칠맛 나는 음식을 만들어줄까 항상 염려하시는 어머니의 그런 마음을 갖는다면 세상에 망할 음식점은 한 군데도 없다.

간혹 유명한 음식점에 가보면 고객이 밥을 먹든 말든 아무 신경도 안 쓰는 그런 곳이 있다. 물론 그렇다고 해서 한창 바쁜 점심시간이나 술을 파는 저녁시간에 아무것도 안 하고 고객 식탁만 바라보라는 얘기가 아니다. 하지만 적어도 음식점 점주와 종업원은 그 바쁜 와중에 왔다 갔다 하면서라도 반드시 고객의 식탁을 살피는 배려가 있어야 한다. 그래야 '바로 지금' 서비스할 것과 '한 발 먼저' 서비스할 것을 알아차릴 수 있다.

고객의 식탁에 반찬이 떨어지기 전에 서비스하는 '한 발 먼저 서비스'는 서비스의 질을 가늠하는 순간이기도 하지만 우리 집에 온 손님에게 할 수 있는 아주 지극히 당연한 예우이기 때문이다.

특히 고객이 술이나 공기밥을 주문할 때 종업원은 주문과 동시에 그것을 가지러 가는 동작이 이루어져야 한다. 대부분의 고객은 술이나 밥을 먹으면서 맥이 끊기는 것을 원하지 않기 때문이다. 더군다나 탕이나 찌개에 추가사리를 주문한 경우, 끓고 있는 중이라면 더욱 그렇다. 요즘엔 식탁에 버튼이 비치되어 있어 그것을 누르면 번호가 뜨고 종업원이 오도록 되어 있는 음식점들도 많지만 대답만 네, 네, 하면서 정작 사람은 오지 않는 경우도 허다하다. 고객이 밥을 먹다가 호출을 한다는 것은 분명히 작든 크든 불편사항이나 요구사항이 있어서다. 그리고 그것을 즉시 해결해주어야 원활한 식사가 이루어지는 것이다. 그렇게 '바로 지금 서비스' 해주어야 하는 것에는 담배꽁초가 가득 차 있는 재떨이를 교환해주는 일, 반 이상 비워진 물컵에 물을 보충해주는 일, 티슈나 물수건을 교체해주는 일 등이 해당된다.

간혹 '바로 지금 서비스'를 제대로 하지 못해 고객을 떠나게 하는 사례가 있다. 가령 이미 앉아 있는 고객이 종업원을 호출했음에도 불구하고 출입문에 들어서고 있는 새로운 고객을 먼저 응대하는 경우다. 이런 경우에는 새로운 고객에게 눈으로 어서 오시라는 인사를 하고는 기존의 고객을 먼저 응대하는 것이 수순이다. 이유는 먹는 즐거움의 맥을 끊지 않기 위해서다.

고객의 요구나 불만에 바로바로 서비스를 원활하게 진행

할 수 있는 방법은 점주를 비롯한 종업원 전체의 팀플레이가 잘 이루어지도록 만드는 것이다. 종업원들이 서로 일을 미루거나 이기적인 생각만 하는 분위기라면 그것이 고스란히 고객에게도 전달된다. 그렇게 고객에게 전달된 감정이나 불만은 당구의 쓰리쿠션처럼 다시 점주나 종업원들에게 되돌아온다.

그렇기 때문에 점주는 점주대로 일을 하면서 음식점 전체를 아우르는 시각을 가져야 한다. 그것은 감독 차원에서도 그러하거니와 전체적인 종업원들의 팀플레이가 이루어져 원활한 서비스가 이루어지고 있는지 통괄적으로 바라봐야 하기 때문이다. 점주는 고객이 음식점 문을 들어서는 순간부터 나가는 순간까지 그들의 만족도에 책임을 져야 하는 사람이다. 전체적인 팀플레이에, 한 사람으로서의 역할을 해야 함과 동시에 그 팀을 진두지휘해야 하는 자리인 것이다.

종업원을 직원으로 대하지 마라

05 내부고객이 만족해야 외부고객도 만족한다

한 집안에서 아버지를 자식들의 거울이라고 부르듯이 종업원들의 거울은 바로 점주다. 그렇기 때문에 점주의 일거수일투족이 종업원들에게는 교본이 될 수 있다는 것을 언제나 명심해야 한다. 또 한 가지, 종업원들에게 점주의 마인드를 갖도록 해야 한다는 것도 잊지 말아야 한다. 종업원들이 주인 의식을 갖지 않으면 언제까지나 그들은 이방인으로 남을 것이다. 아무리 주인 의식을 고취시킨다 해도 점주와 똑같은 마음이 되기는 쉽지 않지만 70% 만이라도 그런 마음을 갖게 만든다면 점주로서 성공한 것이다.

종업원들이 점주 마인드가 되어야 하는 이유는 고객들을 마주하는 첫 번째 사람들이기 때문이다. 고객은 종업원들의 반응에 따라 기분이 좋아질 수도 있고 나빠질 수도 있으며 그들을 그 음식점의 대표자라고도 생각한다.

개중에는 내가 이런 일을 할 사람이 아닌데 호구지책으로 어쩔 수 없이 한다는 생각을 가지고 있는 종업원들도 있다. 이런 생각을 가지고 있는 사람들의 특징은 어려운 일이 닥치면 자기 자신을 담금질하거나 훈련하려고 하지 않는다는 것이다. 그리고 자기 잘못을 남의 탓으로 돌리기에만 급급하다.

점주의 마인드를 가지고 일에 충실한 종업원들은 눈빛부터가 다르다. 점주가 시키기 전에 스스로 일을 찾아서 하고 자신이 하는 일이 음식점 전체에 어떠한 영향을 미치는지 판단을 한다. 그러므로 일에 대한 긍지와 만족감도 아울러 커지게 된다.

머슴마인드와 오너마인드 중 어느 것을 종업원에게 심어줄지 그것은 온전히 점주 손에 달려 있다. 그렇지만 종업원들이 로봇이 아닌 이상, 다 똑같을 수는 없다. 알아서 일을 잘하는 사람이 있을 것이고, 꾀를 부리며 슬슬 눈치만 살피는 사람도 있을 것이다.

물론 나도 음식점을 경영하면서 똑같은 문제에 부딪쳤었다. 그러다가 그 문제의 해법이 종업원을 종업원으로 보지 말고 내 피붙이라고 생각하면 된다는 것을 깨달았다.

가령 주방장은 나보다 어리니 내 친동생이라 생각하고 주방보조 아줌마는 이모나 고모라고 불렀다. 홀 서빙을 맡은 여직원들은 모두 여동생이었고 간혹 아르바이트 학생이 들어올 때도 있었는데, 여학생일 경우 이름 대신 '딸'이라고 불렀고 남학생일 경우 '아들'이라고 불렀다. 음식점 식구들을 그렇게 부르다 보니 고객들은 종업원들이 모두 내 진짜 가족인 줄 오해하기도 했다.

물론 그렇게 부른다고 정말 나의 친이모가 되고 친딸이 될 수는 없을 것이다. 그런데 정말 신기한 건 그렇게 자꾸 부르다 보니 나도 모르게 점점 마음이 변해간다는 것이었다. 실제로 아르바이트 여학생이 졸업도 하기 전에 취직이 됐다는 얘기를 듣고 어찌나 기쁘던지 첫 출근 때 입으라고 옷을 한 벌 사준 적도 있었다. 비록 음식 서빙을 하는 아르바이트생이었지만 의젓하게 사무실 출근을 한다니 꼭 아버지가 되어 딸을 바라보는 심정과 똑같아진 것이다. 지금도 어버이날만 되면 그 여학생은 카네이션을 사들고 나를 찾아온다.

한번은 이런 일도 있었다. 내가 고모라고 부르는 주방 아줌마의 남편이 신장암으로 오랜 투병 끝에 작고를 하고 말았다. 그런데 알고 보니 이 아줌마 부부는 고아로 자랐다. 그나마 하나 있는 아들도 지체장애자라서 상주 노릇 하기 힘든 것을 알고 내가 대신 상주를 해주기로 했다. 아줌마는 내게 미안해했지만 조카라고 생각하시고 편하게 대하라고 말씀드리며 무사히 장례를 치렀다.

나는 그때 사람이 호칭만으로도 마음이 가고, 마음이 가면 정말 그렇게 가족관계도 성립된다는 사실을 처음 알았다. 그 아줌마는 나를 조카로 생각하며 아주 오랫동안 고모의 자리를 지켰었다.

뭐니 뭐니 해도 결국 어려울 때 힘이 돼주는 사람들은 종업원들이다. 점주와 종업원들이 일을 하면서 하루 종일 음식점에 같이 있다 보면 가족들보다 더 많이 얼굴을 보고 더 많은 이야기를 나누는 사이가 된다. 성공한 점주 곁에는 언제나 충성스러운 종업원들이 있다. 점주 혼자서만 잘한다고 해서 음식점이 성공하는 것은 아니다. 결국 실무를 담당하는 것은 종업원들이기 때문이다.

하지만 대부분의 종업원들이 단순한 육체노동을 하다 보니, 일의 보람이나 성공과는 무관한 직업이라는 생각을 하기 쉽다. 이 부분이 불거지면 점주와 종업원 간의 문제로 확대될 수도 있다. 점주는 종업원에게 주종관계를 자꾸 강요해서 그들의 서빙능력을 배가시키려고 한다면 십중팔구 실패하게 된다. 그러므로 항상 같은 눈높이에서 그들을 바라봐야 한다.

그렇다고 해서 점주의 권한이나 위엄을 하향시키라는 것이 아니다. 그들이 처한 상황이나 상처를 그들의 눈높이에서 이해하라는 것이다. 점주는 종업원들로 하여금 단순한 업무에서부터 복잡한 업무에 이르기까지 설명하고 가르쳐야 하는 책임이 있다. 그리고 기본적인 업무 수준을 탈피해 음식점이 요구하는 수준의 업무까지 수행할 수 있도록 교육해야 한다. 또 한 가지, 고객의 기대치에 부응하려고 노력하는 만큼 종업원들의 기대치에도 그렇게 하라는 것이다. 종업원은 점주의 1차 고객이기 때문이다. 종업원들이 고마워하지 않는 음식점은 결코 오래 가지 못한다.

그럼 마냥 종업원들을 지켜보고 있어야만 하는 것일까? 그건 그렇지 않다. 아무리 가족처럼 친하게 지낸다고 해도 지속적인 교육이 이루어지지 않으면 제 도끼에 제 발등을 찍는 일이 생길지도 모른다. 더군다나 프랜차이즈 식당처럼 체계적이거나 일률적인 교육시스템이 있는 상태가 아닌 이상, 그것은 필수적인 것이다. 복장이나 인사예절, 청소 방법, 고객 응대요령, 테이블 세팅, 고객의 불만이나 주문사항에 대한 서비스 등은 주기적이고 일률적으로 교육하는 것이 필요하다.

앞에서도 한 번 언급했지만 종업원들의 나쁜 습관 중에

하나는 본인들의 직업이 전문직이 아니라고 생각한다는 것이다. 그런 생각은 일의 능률을 저하시킬 뿐만 아니라 이직할 확률도 높다. 나는 전문직이라는 게 따로 정해져 있다고 생각하지 않는다. 자신이 하는 일을 최고로 생각하고 거기에 열정을 다하는 사람이면 누구라도 전문직 종사자가 되는 것이다.

우리는 주변에서 홀 서빙을 하다가 유명기업의 CEO가 된 경우나 노점상을 하다가 여러 개의 프랜차이즈를 가진 CEO가 된 경우를 종종 볼 수 있다. 종업원 스스로가 하찮은 일을 하고 있다고 생각하며 자신의 일을 소중하게 여기지 않는다면 어느 곳에 가서 어떤 일을 해도 프로가 될 수 없다.

점주와 종업원 사이에는 서로 서운한 일도 자주 생기고 바라는 일도 점점 많아지기 마련이다. 점주는 점주대로 종업원들이 좀 더 열심히 일해 주기를 바랄 것이고 종업원은 종업원대로 열심히 일한 만큼 월급을 올려주기를 바랄 것이다. 이런 팽팽한 싸움에서 어느 쪽으로든 가닥이 잡히지 않는다면 양쪽 모두 스트레스만 쌓여간다.

때로는 나이가 많고 경력도 많은 종업원의 경우, 그렇지 않은 점주보다 우위에 서려고 할지도 모른다. 더군다나 실력이 있는 주방장이라면 '이 음식점은 내가 일하지 않으면 돌아가지 않을 것이다.'라며 자만에 빠질지도 모른다. 하지만 그러면 그럴수록 능수능란한 자세로 대처하며 점주로서의 면모를 확실하게 보여주어야 한다.

무조건 권위를 앞세워 종업원들을 닦달하기보다는 강약과 완급을 잘 조절해서 종업원들의 감정을 다치지 않게 대해야 한다. 그러기 위해서는 다음과 같은 사항들을 지켜야만 한다.

첫 번째, 음식점 안에서 만들어지는 음식이나 일어나는 일들에 대해서는 하나부터 열까지 모두 알아야 한다. 그렇게 알고 있는 것과 모르고 대처하는 것은 천지차이다. 점주의 능력 차이에 따라 음식점 매출의 10%~20%까지 차이가 날 수 있다는 통계를 무시해서는 안 된다. 경우에 따라서는 얼마든지 30%~40%까지도 차이가 날 수 있는 게 바로 음식업의 생리니까 말이다.

두 번째로 강조하고 싶은 말은 솔선수범하라는 것이다. 종업원이 점주의 지시를 따르는 것은 당연한 일이지만 진정한 마음으로 그렇게 하기를 바란다면 점주가 먼저 솔선수범하는 자세를 먼저 보여야 한다. 점주도 하기 싫어하는 일을 우리한테 시킨다는 마음과 점주도 하는데 우리는 당연히 해야지, 하는 마음은 다르다.

역삼동에서 보쌈집을 하는 K 사장의 경우, 자신을 아예 청소반장으로 지칭한다. 아침에 일찍 출근해 쓸고 닦고 하다 보면 어느새 종업원들이 하나둘 모여들기 시작하지만 그렇다고 손을 놓지는 않는다. 이젠 웬만하면 점주의 눈빛만 보고도 무엇을 원하는지 잘 아는 종업원들이지만 눈빛이나 말만으로 일을 시키지는 않는다고 한다. 점주가 솔선수범하는 것만큼 좋은 교육이 없기 때문이다. 하지만 이런 체계가 처음부터 잘 이루어졌던 것은 아니다. 말단 종업원들에게 청소를 시켜놓고 자신은 감독만 했었는데 대충대충 하는 모습을 보고 그 다음부터는 시키는 게 아니라 같이 하기로 했다는 것이다.

점주들이 모인 자리에 가 보면 그들끼리 '점주는 슈퍼맨'이라는 우스갯소리를 자주 한다. 주방일도 잘해야 하고, 청소도 잘해야 하고, 계산도 잘해야 하고, 사람도 잘 다루어야 하고, 손님 비위도 잘 맞춰야 하는 점주의 역할을 두고 하는 말이다. 정말 점주들은 이 모든 것들을 다 잘해야 한다. 그래야 종업원들의 거울이 된다.

권위와 위엄을 내세우는 점주는 종업원에게도 고객에게도 어필하지 못한다. 때론 주차관리를 하면서 고객 배웅도 해야 하고 주방 아줌마가 결근을 하면 설거지도 서슴지 않고 해야 한다. 권위와 위엄은 자세를 굽히지 않는 데서 나오는 게 아니고 사람들로 하여금 존경과 인정을 받음으로써 얻어지는 것이다.

세 번째는 스스로 신비해지라는 것이다. 나는 웬만해선 직원들과 함께 식사를 하지 않는다. 직원들이 나 때문에 불편하게 식사를 하는 게 싫어서다. 직원들이 하루 중 유일하게 쉴 수 있는 시간이 바로 그 시간인데 그러한 여유를 방해하고 싶지 않은 이유도 있다. 하지만 정말 중요한 이유는 조금 거리를 두고 싶어서다. 그것은 내가 그들의 업무를 너무나 잘 알고 있으면서도 그 일을 직접적으로 간섭하지 않으려는 의도이기도 하다.

무슨 일이든 너무 잘 알면 서로가 피곤해진다. 개인적인 인정에 이끌려 꾸중할 일을 꾸중하지 않는다거나 칭찬할 일을 당연시하고 그러려니 하면서 그냥 지나치기 십상이다. 이것은 음식점 점주나 종업원들도 마찬가지다.

음식점 종업원들도 가급적이면 고객이 보는 앞에서 식사를 하지 않는 게 좋다. 종업원들 스스로도 고객들에게 신비스러워져야 한다. 음식점에서 일을 하는 종업원들의 경우, 제때 식사를 하는 사람들이 드물기 때문에 한가한 시간에 맞춰 식사를 하는 경우가 많다. 그렇게 쫓기면서 식사를 하다 보니 명색이 음식을 파는 음식점인데도 불구하고, 반찬을 부실하게 내놓고 먹기 일쑤다. 고객들이 과연 그런 모습을 보면서 어떤 반응을 보일까?

옷 장수는 옷을 잘 입고 구두 장수는 구두를 잘 신는 것이 곧 홍보이고 고객에게 어필하는 방법이라면 음식점에서는 잘 차려진 음식을 먹어야 하는 게 맞는 일이다. 그런데 그와는 정반대로 엉성하게 차려놓은 종업원들의 식탁을 본 고객들은 기대감이 싹 사라지게 된다.

고객들은 이 음식점에서 파는 음식이 형편없고 맛이 없어서 먹지 않는 걸까? 하는 의문을 가질 수도 있다. 어쩌면 그 집 음식을 잘 차려놓고 먹고 있다면 오히려 많은 점수를 따게 될지도 모른다. 하지만 어차피 매일매일 같은 음식만 먹을 수도 없고 더군다나 잘 차려진 음식을 먹을 수도 없다면 고객이 안 보는 데서 식사를 하는 게 좋다. 고객은 옷 장수가 입은 옷이 무엇인지 구두 장수가 신은 구두가 무엇인지 궁금해하듯 음식 장수가 무얼 먹는지 궁금해 하기 때문이다. 적당히 거리를 유지하며 신비감을 자아내는 것도 프로가 되는 한 방법이다.

음식점도 하나의 사회다. 유기적으로 돌아가지 않으면 금방 제동이 걸리고 만다. 점주 혼자서만 혼신을 다한다고 해서 결코 음식점이 잘 되지 않는다. 종업원과 점주가 한마음이 되어 한 덩어리로 굴러가야 비로소 대박 나는 음식점이 되는 것이다. 종업원이 잘 움직여주지 않는 음식점은 죽은 음식점이다. 내부고객이 만족해야 외부고객이 만족하는 것이다.

내부고객 얘기가 나왔으니 내 경험담을 조금 더 피력하고 넘어갈까 한다. 내 경우엔 내부고객이 우리나라에도 있지만 개성 쪽에도 있기 때문에 간혹 신경이 곤두설 때가 있다. 내 눈으로 직원들의 안녕(安寧)을 지켜볼 수 있는 우리나라는 그다지 문제가 될 게 없지만 개성 쪽은 그렇지가 못하기 때문이다.

2009년 3월 9일, 북한 측의 개성공단 통행차단 발표가 있었을 때 나는 정말 지옥과 천국을 오가는 심정으로 애간장을 졸이고 있어야 했다. 남북한이 아직도 정치적인 의견대립을 두고 대치상황인 점을 고려한다면 생경할 것도 없는 일이겠지만 그곳에서 공사를 한창 진행 중인 기업 중에 하나라면 입장은 판이하게 달라진다. 무엇보다 직원들의 안전이 걱정되기 때문이다. 그것은 나 혼자 해결을 할 수도 없는 문제라서 더더욱 걱정이 될 수밖에 없다.

통행차단 발표를 듣고 그렇게 하루를 멍하니 보내고 나서 오후 늦게 자리에 앉자 그제야 매일 업무나 직원들의 안전을 보고받던 시간들이 얼마나 감사한 일이었는지 깨달을 수 있었다. 이틀 뒤, 일시적인 통행해제가 있었을 때 나는 부랴부랴 개성 길에 올랐다. 나의 내부고객 아니, 나의 사랑하는 사람들이 보고 싶어 발걸음을 재촉하지 않을 수가 없었던 것이다.

사랑하는 사람이 얼마나 소중한지 깨달으려면 잠시 그 곁을 떠나 있어보라고 했던가! 그러면 그 사람이 내게 어떤 존재였는지 금방 알게 될 거라고…. 우리 아름다운 GVC 직원들을 내가 그렇게 그리워하고 사랑하는 줄 왜 진작 몰랐을까?

아름다운 FC 직원들이 며칠 동안 안절부절못하는 내 모습을 보고는 샘이 난다며 "사장님! 저희들, 어디 3박 4일 사라졌다가 나타나보고 싶어요."라며 우스갯소리를 해서 한바탕 웃었던 적이 있다.

나는 그때 내부고객이 내 곁에 있다는 것만으로도, 그래서 그들이 건강하고 안전하고, 그 때문에 내가 그들을 지켜줄 수 있다는 사실 자체가 얼마나 행복한 일인지 피부로 직접 체험했다.

+α를 이끌어내는 점주가 돼라

06

종업원의 숨은 능력을 발견하라

칡소 고기만 전문으로 요리해주는 음식점에 갔다가 고기 자랑에 침이 마를 줄 모르는 점주에게 "사장님에게는 그 칡소 고기가 보물단지죠?"라고 물었던 적이 있었다. 그러자 점주는 "이것보다 더 귀한 보물이 따로 있죠."라고 말하며 빙그레 웃었다. 그래서 내가 다시 물었다. "사장님한테 돈 벌게 해주는 칡소보다 더 귀한 보물이 어디 있어요?", "저기도 있고, 저기도 있고 또 저기도 있네요."

점주가 손가락으로 가리킨 곳엔 과연 어떤 보물이 있었을까? 그곳엔 바로 종업원들이 서 있었다. 점주 왈, 음식을 만드는 것도, 그것을 서빙하는 것도 모두 사람 몫이니 결국 음식점의 부가가치를 창출하는 것은 쥚소가 아니라 사람이라는 것이다. 그러니 종업원들은 자신한테 더없이 귀한 보물이라고, 자신에게 돈을 벌 수 있게 해주는 것은 쥚소가 아니라 바로 종업원들이라고 자랑스럽게 이야기를 했다.

음식점을 출점하거나 경영하는 점주들에게 가장 어려운 점이 무엇이냐고 물으면 열에 아홉은 '사람다루기'라고 말한다. 종업원을 채용한 점주들은 '월급을 받고 일을 하니까 당연히 열심히 일을 해주겠지.'라고 생각하기 쉽지만 그것은 단지 욕심일 뿐이라는 사실을 금방 깨닫게 될 것이다. 점주 혼자만 발을 동동 구르고 종업원들은 그저 강 건너 불구경하듯 안일하게 근무하는 경우를 종종 봐왔기 때문이다. 어쩌면 그런 현상은 일시적인 것이 아니라 장기전이 될 수도 있다. 그리고 아무리 잔소리를 하고 닦달을 해도 종업원들이 좀처럼 변하지 않을 수도 있다.

그 상태가 악순환되다 보면 점주와 종업원들 사이에 잦은 트러블이 발생하고 종업원들은 일을 그만두겠다는 말을 스스럼없이 하게 될 것이다. 당장 사람구하기가 힘든 점주는 울며 겨자먹기로 참는 수밖에 없어진다. 홀 서빙을 하는 종업원도 종업원이지만 주방 쪽이 더 심각하다. 주방장이 갑자기 일을 그만두면 조리능력도 없고 대체인력도 없는 상황에서 점주는 당황할 수밖에 없다. 이런 일이 두세 번 반복된다면 점주는 자신의 경영능력이나 종업원 관리능력을 한 번쯤 되돌아봐야 한다. 홀 따로 주방 따로 점주 따로, 모두 따로따로 돌아가는 점포가 될 수도 있기 때문이다. 그렇게 되지 않기 위해서는 종업원들의 능력을 최대한 끌어올릴 수 있는 점주가 되어야 한다.

감자탕 전문점 L씨의 경우, 매번 어렵게 주방장을 구했지만 얼마 안 가서 그만두고 나가버리는 통에 골머리를 앓고 있었다. 그러다가 아예 발품을 팔아 직접 주방장을 구하기로 마음먹고 서울 시내에서 장사가 잘 되는 음식점들을 찾아다녔다. 감자탕을 직접 먹어보고 아예 주방장까지 일일이 만나가면서 컨택을 했다. 일명 스카웃이었던 것이다. 물론 월급도 그들이 요구하는 금액을 지불하기로 했다. 그 결과, L씨는 지금 최고의 주방장을 스카웃했다는 자부심과 함께 성업 중이다. 아무리 잘 한다고 해봤자 웬만큼 해서는 생색도 나지 않는 주방장 일을 인정하고 파격적인 대우를 제안했던 일을 두고, L씨는 음식점 경영 이후 제일 잘한 일이라고 말한다.

주방장을 구하면서 스카웃의 장점을 알게 된 L씨는 이후 종업원들도 직접 찾아 나섰다. 고객을 가장해 들어간 음식점에서 가장 상냥하고 일 잘하는 종업원을 스카웃해 그 역시 좋은 대우를 해주었다. 간혹 왜 그렇게 좋은 대우를 해주느냐고 묻는 종업원들도 있었다. 그럴 때 L씨는 이렇게 대답해주었다고 한다.

"당신의 능력을 사고 싶습니다. 어쩌면 훗날 내가 당신을 너무 헐값에 샀다고 원망하는 소리를 들을지도 모르겠군요."

사람에게는 누구나 +α가 있다. 단지 그 무한한 잠재력을 알아차리지 못하거나 무심코 지나칠 뿐이다. 점주는 종업원들의 서빙능력, 예절, 고객과의 커뮤니케이션에 이르기까지 +α를 끌어낼 책임과 의무가 있다. 왜냐하면 그들의 그런 능력은 그들 자신의 발전이자 점포의 매출이기 때문이다.

종업원으로 하여금 능력 이상의 능력을 이끌어내는 방법은 칭찬이다. 물론 칭찬에도 기술이 있다.

첫 번째, 이벤트를 이용한 칭찬이 있다. 매일 같이 반복되는 일상 속에서 이벤트를 이용한다면 기분전환은 물론이고 일의 능률까지 올리는 기폭제가 될 수 있다. 그런 이벤트 중의 하나로는 그날의 '해피스마일 상'을 정하는 것이다. 대상은 음식점의 전 종업원들이다. 고객으로부터 친절하다고 칭찬을 받는 횟수에 따라 점수가 매겨진다. 하루 장사를 끝내고 다 같이 둘러앉아 시상을 한다면 충분한 동기부여가 될 것이다. 상품은 일정 금액 한도 내에서 종업원이 원하는 걸로 포상하는 것이 좋다.

위의 해피스마일 상 같은 경우는 내가 음식점을 경영하면서 직접 해봤던 경험이 있다. 고객만족도를 가늠하고 직원들의 사기 진작을 위해 주로 은행이나 백화점, 비행사 등에서 하는 이벤트를 벤치마킹한 것이었는데, 상당히 좋은 효과를 얻었으며 종업원들 간에 경쟁심을 유발하는 데에도 충분한 계기가 됐었다.

두 번째, 종업원들을 칭찬함으로써 멀티펑션(Multi-Function) 능력을 끌어내라는 것이다. 건설업을 하면서 프랜차이즈사업을 병행하다 보니 가끔 “두 가지 사업에 무슨 연관이라도 있나요?”라는 질문을 받을 때가 있다. 그러면 나는 사람을 속이면 안 된다는 것과 직원들의 멀티펑션 능력을 발견하는 것이라고 대답한다.

음식점을 경영할 때 나는 가끔 영업이 끝난 오후 늦게 혹은 한가한 틈을 타, 종업원들에게 역할 로테이션을 시킨 적이 있었다. 주방장과 주방보조 아줌마들에게 서빙을 하게 하고 대신 서빙 종업원들을 주방으로 들여보낸다. 이러한 역할 로테이션을 하게 된 표면적인 계기는 부동산과 건설업을 하면서 터득하게 된 것이었다. 작업장에서 일을 하는 인부들에게 역할 로테이션을 실시한 결과 상당히 좋은 효과를 얻었기 때문이었다. 물론 각자 본분이 아닌 자리에서 완벽한 역할을 할 것이라고 기대는 하지 않았다. 맨 처음 역할 로테이션을 시도했을 때는 역지사지의 심정으로 상대방의 어려운 점을 이해해보라는 의도에서였다.

그런데 작업장의 인부들이 서로의 역할이 바뀐 자리에서 흥미와 재미를 느끼고 있다는 사실을 알았다. 그런 현상은 음식점 안에서도 마찬가지였다. 주방에 들어간 서빙 종업원들은 각자 자신 있는 음식을 만들어 내오면서 즐거워하기까지 했다. 그중에 한 명은 그렇게 몇 번 주방을 왕래하다가 정말 요리사자격증을 딴 케이스도 있었다.

사람들은 자기 자신도 모르게 보유하고 있는 능력이 있는 모양이다. 종업원들은 단순노동을 하는 종업원들이기 이전에 무한한 능력을 가진 사람들이다. 그들이 어떤 능력의 보유자인지 알아내는 것도 점주의 몫이다. 그것이 음식점 내에서 꼭 필요한 능력이라면 더욱 더 그렇다.

또 한 가지 덧붙일 말은 종업원들이 칭찬받을 일을 하기까지 기다리지 말고 칭찬받을 만한 기회를 제공함으로써 동기부여를 하라는 것이다. 이미 점주가 잘 알고 있고 또 잘하는 일일지라도 때로는 그것을 숨기고 종업원이 하도록 놔두어라. 그래서 그것을 해냈을 때 칭찬과 격려를 해주는 것이다. 일의 능률과 사기를 진작시킬 수 있는 도화선, 그것은 바로 '칭찬'이기 때문이다.

세 번째, 월급 인상으로 칭찬하는 방법이 있다. 점주에게 종업원은 일종의 재산이나 다름없는 존재이기 때문에 이왕이면 같은 조건에 좀 더 열성을 가지고 일을 더 잘 해줄 사람을 찾는 건 인지상정이다. 하지만 그런 욕심이 너무 지나치다 보면 오히려 인재를 놓치는 수가 있다. 그러니 일명 일 잘하고 능력 있는 종업원을 만났다면 스카웃 비용이나 월급에 대해서는 일단 접고 들어가는 게 낫다.

내가 아는 한 한식집은 몇 해 전 주차관리 종업원을 한 사람 채용했었다. 오랫동안 고시원에서 공무원 시험공부를 하다 생활이 어려워지자 생활비를 벌기 위해 나온 청년이었다. 그런데 점주가 가만히 보니 성격도 무난하고 참 착실한 청년이었다고 한다. 점주는 적은 액수지만 월급 외에 돈을 따로 챙겨주며 더 열심히 하라고 격려해주었다. 그러자 종업원은 어른이 돼서도 부모님께 손을 내미는 자신이 부끄러웠다는 말을 하며 눈물까지 글썽였다고 한다. 점주는 고생을 했던 자신의 청년시절이 생각나 청년에게 음식점에서 숙식을 해결하라고 배려해주었다.

그러고 나서 얼마 후, 점주는 청년이 음식점 홀 청소는 물론 화장실 청소까지 말끔하게 해놓는 것을 보고는 그런 마음가짐이라면 매니저 역할도 충분히 수행할 것이라고 믿고 한번 맡겨보기로 했다. 점주의 생각대로 청년은 그 일을 아주 잘 해냈고 지금은 그 음식점의 새로운 점주가 되어 있다.

만약 점주가 그 종업원의 능력을 끌어내주지 않았다면 어떻게 되었을까? 어쩌면 지금도 주차관리를 하고 있거나 공무원 시험공부를 하고 있을지도 모른다. 칭찬은 그렇게 위대한 힘을 가지고 있는 것이다. 그것이 어떤 형태와 모습으로 종업원에게 전달되던 간에 점주는 칭찬에 후한 사람이 되어야 한다. 설령 조금 더 비용을 지출하더라도 그것이 종업원의 능력을 인정한 월급 인상이라면 기꺼이 그렇게 해야 한다. 왜냐하면 종업원 자체가 음식점의 상품일 수 있기 때문이다.

위와 반대되는 경우의 예를 한번 들어보자. 왕만두와 칼국수를 파는 대형 음식점을 경영하는 점주였는데 다른 곳에 쌈밥집을 개업할 생각으로 한동안 동분서주했었다고 한다. 이미 5, 6년이나 터를 닦아놓은 장사인데다 눈만 마주치면 점주의 뜻을 헤아리던 종업원들이었으니 점포를 비우고 돌아다녀도 아무 문제가 없을 것이라고 생각했던 것이다.

그렇게 두 달여가 지났을 무렵, 고객들로부터 맛과 서비스에 대한 항의가 들어왔고 매출도 급격하게 떨어졌다. 그제야 점주는 부랴부랴 점포 정비에 들어갔지만 이미 때는 늦어 있었다. 한 번 실망을 경험한 고객은 좀체 되돌아오지 않았고 종업원들의 마음도 들떠 제각각이었다. 그나마 서빙을 잘하던 종업원들마저 기본기를 잃고 모두 그만두고 말았다.

점주는 전쟁터의 지휘관과 같은 존재다. 명심하라. 절대로 전쟁터에서 벗어나서는 안 된다는 사실을! 그 순간부터 전쟁의 패배자가 된다.

'빨리, 빨리'에 능숙해져라

07

고객의 시간을 아껴라

한때 느리게 살기를 옹호하는 책들이 인기를 끌었다. 그와 더불어 딱딱하고 유동적인 디지털 정서보다 부드럽고 수동적인 아날로그 정서를 그리워하는 움직임도 함께 일어났다.

하지만 그럼에도 불구하고 우리 민족 특유의 빨리 빨리 근성이 좀체 느려지는 습성으로 돌아서지는 않았다. 어찌 보면 그것은 다행이기도 했다. 빨리빨리 근성으로 우리는 세계 제1의 IT 강국이 되었으니 말이다.

나는 음식점을 경영하며 가장 속이 탈 때가 고객들이 '음식이 왜 아직도 안 나오느냐?'고 채근할 때였다. 오죽 기다리기 지루하고 답답했으면 몇 번이고 그렇게 물어볼까 십분 이해가 되는 일이었지만 그럴 때마다 참 우리나라 사람들 성격 급하다는 생각에 저절로 쓴웃음이 지어지곤 했다.

그런 쓴웃음도 세월이 지나고 나니까 약이 될 줄 그때는 몰랐다. 어떻게 하면 고객들에게 빨리 응대를 할까 고심하다가 개발해낸 것이 바로 네 가지 주문방식 벨이었으니까 말이다. 국내에서는 처음 제작된 4가지 선 주문 시스템 벨(1 주문, 2 소주, 3 맥주, 4 계산)은 벨에 쓰인 네 가지 주문 사항 중 고객이 원하는 버튼을 눌러 종업원에게 알리는 것으로, 소리를 질러 주문하거나 자리에서 일어나는 불편을 없앤 방식이다. 경쟁점에 납품을 하지 않는 조건으로 아름다운 FC가 국내 최초로 독점 계약해 아주 요긴하게 쓰고 있다.

우리나라 고객들은 오래 기다리지 않고 먹는 음식을 제일 좋아한다. 그러니 좋은 음식점, 좋은 점주, 좋은 종업원이 되려면 음식을 빨리 가져다주면 된다. 왜냐하면 제아무리 자주 오는 단골고객이라도 그 집 음식이 좋아서 오는 것이지, 그 음식을 기다리는 시간까지 좋아서 앉아 있지는 않기 때문이다.

세상이 발전하고 복잡해지면서 '시간은 돈'이라는 개념이 더욱 부각된 건 사실이지만, 나는 돈과 시간을 비교해서는 안 된다고 생각한다. 돈은 저축했다가 나중에 다시 꺼내 쓸 수가 있지만 한번 지나간 시간은 다시 꺼내 쓸 수가 없기 때문이다. 이 논리를 그대로 적용하자면 결국 고객에게 비용절감보다 시간절감을 하게 해주는 편이 더 좋은 점주라는 얘기다.

하지만 점주들은 '누구는 기다리게 하고 싶어서 기다리게 하느냐?'고 반문한다. 점주들의 속 타는 심정을 왜 모르겠는가? 아무리 빨리빨리를 외치고 최선을 다해도 안 되는 건 할 수 없는 일이다. 그럴 때는 차선책을 쓰면 된다. 불가피하게 고객을 기다리게 할 수밖에 없다면 그 시간을 조금 덜 지루하게 만들어주면 된다.

가령 내가 잘 가는 전통한식집 중에 음식이 나올 때까지 삶은 고구마나 감자, 달걀 등을 식탁에 비치해둠으로써 배고픔도 가시고 지루함도 덜 느끼게 해주는 곳이 있다. 어느 땐 잘 누른 누룽지를 놓기도 하는데 그때그때 달라지는 애피타이저 때문에 그 집에 들어서기 전부터 기대가 되는 적도 있다. 음식점에 앉은 고객을 설레게 만드는 일, 아무나 할 수 있는 일이 아니다.

하루는 내가 그 집 점주에게 "이렇게 애피타이저 내놓으시다가 본전이나 찾으시겠어요?"라고 물은 적이 있었다. 그러자 점주는 만면에 미소를 띠며 '고객들이 제게 시간을 담보로 주셨는데 그 정도는 감수해야죠.'라고 대답했다. 고객들이 먹는 음식뿐만 아니라 그들의 시간까지도 배려하며 장사를 하는 점주가 존경스러웠다.

나는 그 음식점의 배려를 일종의 플라시보 효과라고 생각한다. 비록 고객이 주문한 음식은 아니지만 애피타이저를 제공함으로써 고객이 식사를 하고 있다는 착각을 일으키기 때문이다.

고객들은 무엇인가를 먹으면서 자신이 기다리고 있다는 사실을 잊고 음식을 먹기 위해 그곳에 앉아 있다는 목적에 아주 충실히 부합하고 있다고 생각한다. 그 착각 때문에 지루함이 설렘으로 바뀌는데, 이런 놀라운 효과가 또 어디 있겠는가 말이다. 이번 주 그곳의 애피타이저는 무엇일지 벌써부터 궁금해진다.

08 고객에게 'ONLY'로 존재하라

오직 하나뿐인 그 집

나는 가끔 우울하거나 일이 잘 풀리지 않을 때 회사 근처, D 순댓국집에 간다. 순댓국을 먹으면 기분이 나아져서가 아니다. 그 집 점주 얼굴을 보면 저절로 기분이 좋아져서다.

물론 근본적으로 문제가 해결되는 것은 아니지만 그 점주는 마음을 편하게 해주고 밥맛이 없던 내게 그 시간만큼은 즐겁게 식사를 하게 해준다. 나에게 그 순댓국집은 이 세상에 하나밖에 없는 유일한 집이다. 그 어느 곳에서도 얻을 수 없는 그 집만의 위로와 편안한 맛이 있기 때문이다.

요즘은 자가 운전자 고객들이 많기 때문에 아무리 먼 곳이라도 '그곳에 그 음식'이 있으면 찾아 나서게 되어 있다. 도시 외곽에 자리 잡은 음식점들이 독특한 메뉴를 개발해 성업하고 있는 이유는 도심에서 맛볼 수 없는 특별한 메뉴와 그것을 더 맛있게 만드는 풍경이 있기 때문이다. 다시 말해 '반드시 그곳에 가야만 그 맛을 느낄 수 있다.'는 것이다.

고객에게 이런 'ONLY'로 존재하기만 한다면 시간과 거리도 문제될 게 없다. 고객은 그런 것쯤 얼마든지 차치하고 달려올 태세가 되어 있기 때문이다. 그렇게 고객을 사로잡을 만한 메뉴를 주력메뉴라고 부른다. 고객으로 하여금 '저것을 꼭 먹고 싶다.'는 욕구가 생기도록 유도하는 음식이다. 그런 메뉴를 보유한 점주라면 'ONLY'로 존재하기에 손색이 없다고 말할 수 있다.

파주에 있는 S 음식점의 경우, 꽤나 비싼 음식값에도 불구하고 평일은 물론 주말에도 문전성시를 이룬다. 깨끗하고 정갈한 음식에 쓰이는 모든 재료들은 점주 부부가 직접 텃밭에서 재배한 것이며 홀과 주방을 아예 터놓아서 음식 만드는 과정이 다 공개되도록 하고 있다. 그런 까닭에 가끔 고객들이 주방에 들어가 조리과정을 묻기도 한다. 가끔은 고객들이 주방에서 직접 양념을 해, 나물 정도를 무칠 수 있도록 실습도 하게 한다. 복잡한 음식은 아니지만 음식점 주방에 들어가, 직접 나물을 무쳐 먹는 체험이라니…. 그 어느 곳에 가도 좀처럼 하기 드문 경험이 아닐 수 없다. 음식은 맛이 절반, 그 맛에 얹힌 또 다른 맛이 절반이라던 한 지인의 말이 떠오르고도 남는다.

음식 본래의 맛에 얹힌 또 다른 절반의 맛, 그것을 딱 꼬집어 한 마디로 정의하기는 힘들다. 그것이야말로 그 집만의 경쟁력이고 노하우이기 때문이다. 그것을 자체적으로 개발하고 지속시켜나가는 것이 바로 장인정신이니까.

음식점을 경영하려면 자신이 만든 음식이 세상에서 최고라는 자부심을 가지고 있어야 한다. 아무도 나를 따라올 수 없고 따라오게 하지도 않는다는 뚝심과 고집도 필요하다. 그래야 장인이라고 말할 수 있고 그렇게 불려도 부끄럽지 않은 것이다. 그런데 음식점을 돌아다니다 보면 장인은 그만두고 간혹 자신이 내놓은 음식에 대해서도 잘 모르는 점주들이 있다. 그런 점주들을 볼 때마다 그 아래 종업원들은 어떨지, 무엇을 보고 배울지 한심하기 짝이 없어진다. 그 자리에서 내가 장인정신을 강조하며 장인이 되라고 말한다면 그들의 반응은 어떨까? 안 봐도 뻔한 일이다.

고객은 적어도 자기가 먹는 음식이 어떻게 만들어졌는지 성분과 재료는 어떤 것인지 알 권리가 있다. 고객들이 자신들의 입에 음식을 넣기 전에 그것이 무엇으로 만들어져 있고 어떤 음식인지 알고 싶어 하는 것은 너무나 당연한 일이다.

“이게 뭐죠? 무엇으로 만들었죠?”라고 묻는 고객에게 주방장을 부르러가는 점주처럼 꼴불견은 없다. 또는 ○○ 같은데요, 식의 애매하고 모호한 답변도 고객을 불안하게 만든다.

장인은 언제나 자기가 만든 것에 대해 확신을 가지고 있어야 하는 사람들이다. 그리고 종업원들에게도 그 부분에서 만큼은 철저하게 교육을 시켜야 한다.

장인 얘기가 나오면 떠오르는 일화가 하나 있다. 일본 요리사 이야기다. 동경과 파리 노선의 JAL기에서 승객들의 요리를 담당하는 요리사가 어느 날 칼에 손가락을 베었다고 한다. 피가 나는 손가락을 쳐다보며 그는 대수롭지 않게 반창고를 붙이고 요리를 했는데 그렇게 만들어진 음식을 먹고 승객들이 식중독을 일으킨 것이다. 요리사의 손가락에 포진해 있던 화농균이 문제였다. 그는 실의에 빠져 회사에 사표를 냈고 집으로 돌아와 급기야 자살을 했다고 한다. '이 생명으로 저의 죄 값을 대신하겠습니다.' 라는 유서를 남겨둔 채 말이다.

위와 같은 일화 말고도 일본의 음식 장인이야기는 무궁무진하다. 대형 횟집부터 아주 작은 라면집이나 우동집에 이르기까지 분야도 다양할 뿐더러 몇 대째 이어오는 음식장사도 많고, 그런 만큼 직업에 대한 자부심도 대단하다. 그중에서도 가업으로 내려오는 오뎅집을 이어받기 위해 판사라는 직함을 미련 없이 벗어던진 이야기는 참 가슴에 와 닿는 일화다. 음식장사는 그냥 장사일 뿐, 고집과 기술이 결합된

고도의 예술이라는 것을 잘 인정하려 들지 않는 우리로서는 어쩌면 이해하기 힘든 일일지도 모른다.

가끔 장사가 잘 안된다며 상담을 의뢰하러 오는 점주들 중에는 이것저것 여러 가지 장사를 시도해보다 결국 실패한 사례들이 많다. 내가 입을 열어 그들에게 하는 맨 처음 이야기는 일본의 양갱과자 회사 '도리야'다. 도리야는 오로지 양갱 하나만 300년 동안 만들어온 회사다.

30년도 아닌 300년이라는 소리에 대부분의 점주들은 아무 말 않고 두 손만 만지작거린다. 그러면 나는 그들에게 넌지시 이런 말을 꺼낸다.

"손에 식은땀이 나시죠? 그 두 손이 당신을 '도리야' 못지않은 장인으로 만들어 드릴 겁니다. 오늘 흘리는 그 식은 땀, 절대로 잊지 마세요!"

맛의 아름다운 신화창조

'아름다운' FC의 '아름다운' 프로젝트

C/O/N/T/E/N/T/S

이제는 프랜차이즈가 대세다

프랜차이즈의 정의

프랜차이즈란 프랜차이저(franchisor)가 프랜차이지(franchisee)에게 상표, 상호 등을 이용, 자기와 동일한 영업 방식과 영업활동을 허락하는 것을 뜻한다. 즉 브랜드를 소유하고 있는 가맹본부가 이윤추구를 위하여 광고, 지원, 교육, 훈련 등의 조력을 가맹점에 해주고, 가맹점은 그 대가로 가맹비나 로열티를 지급하며 가맹본부의 지원을 받아 사업을 존속, 개발하는 관계를 말한다.

프랜차이저란(franchisor)?

가맹점 사업자에게 가맹점 운영권을 부여해주는 사업자를 일컫는 말이다.

프랜차이지란(franchisee)?

가맹본부로부터 가맹점 운영권을 부여받은 사업자를 일컫는 말이다.

프랜차이즈 시스템이란?

프랜차이즈 시스템이란 가맹본부가 개발한 상품의 본질을 운영함에 있어서 일관성을 유지하며 존속시키는 방식이다. 즉 상호, 상표, 간판 등을 비롯해 서비스 매뉴얼, 마케팅, 유통방법, 조직관리, 교육에 이르기까지 총체적으로 일괄된 프로그램을 하나의 유기체로 움직이는 것이다.

공정거래위원회 산하 가맹사업거래분쟁조정협의회에 따른 자료에 의하면 2009년 현재, 우리나라에는 2,500여 개의 가맹본부가 있는 것으로 알려졌다. 가맹본부 당 평균 가맹점 수는 76개 정도가 되는 셈이며 가맹점 개수는 18만 5천여 개로 수도권에 60%가 집중되어 있다. 최근 들어 이렇게 프랜차이즈 가맹점들이 눈에 띄게 늘고 있는 추세는 2010년 프랜차이즈 매출 규모가 100조 원 이상이 될 것이라는 경기 전망을 낳기도 했다.

그렇다면 왜 이렇게 프랜차이즈 회사가 늘어나고 있는 것일까? 그 이유는 대부분의 회사원들이 가깝든 멀든 간에 다가올 미래에 창업을 계획하고 있기 때문인 것으로 분석된다. 그리고 위험 부담률이 따르는 개인 창업보다는 그에 비해 안정적이고 수익률이 좋은 프랜차이즈 가맹창업을 더 선호하기 때문이다. 프랜차이즈의 어원처럼 '권리'와 '자유'를 본사와 점주들에게 가져다주는 것이 맞다는 증거이기도 하겠지만 혹자의 표현대로 '성공 티켓'으로서 충분한 역할을 하고 있다는 실증이기도 하다.

최근 두 달 사이, 40만 명 이상의 개인 창업자가 도산을 하는 이런 불황 중에도 프랜차이즈 본사들은 다양한 경영지원 정책을 더욱 활발히 펴나가고 있다는 점도 프랜차이즈 확산의 한 요인이다. 가맹점포 리모델링 비용의 50%를 지원해주거나 지역 상권을 대상으로 하는 판촉을 무상지원하기도 하는 등 윈윈전략에 박차를 가하고 있는 것이다. 불황에 더욱 빛이 나는 사업은 프랜차이즈 사업이라는 얘기가 괜히 나온 말이 아니다. 일자리 창출이라는 정부 시책에도 적극적으로 동참하는 결과를 가져오는 까닭에 프랜차이즈 사업성은 날로 더 확산될 전망이다.

4~5년 사이, 양적 팽창에만 열을 올리던 프랜차이즈들은 이제 점점 질적 향상을 꾀하고 있는 추세이다. 1년을 넘기지 못하고 도산하는 프랜차이즈들을 반면교사로 삼은 이유도 있겠지만, 그보다는 고객들에게 외면당한 이유들을 제대로 파악해 개선하고 있기 때문인 것으로 분석된다.

고객들은 이제 맛을 믿고 서비스를 믿고 그들 자신에게 즐거움을 줄 것이라 믿는 프랜차이즈를 만나고 싶어 한다. 결국 보편적이고 신뢰받는 프랜차이즈가 대세라는 얘기다. 프랜차이즈가 신뢰받기 위해서는 충분한 기간 동안 철저히 준비된 브랜드이어야 한다.

뿐만 아니라 프랜차이즈 본사와 가맹점 역시 신뢰를 바탕으로 한 상생관계이어야 한다. 그런 점에서 아름다운 FC는 남다른 자부심을 가지고 있다. 지난 6년여 동안 불철주야 프랜차이즈 사업에 공을 들이고 그것을 위해 연구하고 기획했기 때문이다.

프랜차이즈의 장점

① 브랜드 인지도가 있다

브랜드의 인지도는 소비자들로 하여금 욕구충족을 이루게 해준다. 더불어 브랜드 파워를 갖고 신속하게 확산되도록 도와준다.

② 프랜차이즈만의 독자적인 노하우가 있다

표준화되고 규격화된 노하우로 항상 일괄적인 시스템을 유지할 수 있다.

③ 객관적인 데이터를 보유할 수 있다

출점을 하는 점주는 경험이 없어도 프랜차이즈 본사를 통한 영업지식을 보충할 수 있다. 그리고 입지선정, 시장조사를 미리 준비해줌으로써 출점 시기를 앞당길 수 있고 지역적 안배는 물론 영업 양상에도 도움을 받을 수 있다.

④ 안정적인 시설공사를 할 수 있다

프랜차이즈 본사는 똑같은 점포를 여러 군데 출점시켜 보았기 때문에 어떻게 공사를 하고 디자인해야 할지를 잘 알고 있다. 예를 들면 주방기구나 시설은 어떻게 해야 조리하기 편한지, 동선이 유리한지 간판은 어떻게 배치해야 효율적으로 눈에 띄는지 같은 구체적인 것을 용이하게 판단하고 실시한다.

⑤ 토털마케팅을 실시할 수 있다

프랜차이즈 본사는 각 점주들의 니즈를 분석한 종합적이면서도 집약적인 마케팅이 가능하다.

프랜차이즈의 트렌드

우리나라 프랜차이즈는 1976년으로 거슬러 올라가 '림스치킨'으로부터 시작된다. 그로부터 3년 뒤인 1979년 롯데리아가 탄생했다. 롯데리아는 일본 롯데리아와 합작 형태로 이루어진 것이었으며, 우리나라에 '셀프 서비스'라는 판매 방식을 처음으로 도입했다.

롯데리아가 승승장구하면서 프랜차이즈라는 사업 분야가 점점 대중화되었고 그 결과 8, 90년대를 지나오면서 치킨과 패스트푸드 쪽으로도 좋은 반응을 얻게 되었다. 90년대 중반 이후부터는 세탁소나 편의점, 부동산, 심지어 학원가에도 프랜차이즈 바람이 불었다.

이처럼 업종을 막론하고 프랜차이즈 확산이 이루어진 것은 수익성도 수익성이려니와 사업으로 인한 리스크를 최대한 줄이려는 목적이 컸다는 분석이 압도적이다. 어느 장사이건 수익성과 리스크를 따지지 않는 장사가 있겠는가? 특히 음식장사는 더욱 더 그렇다.

그럼 음식 프랜차이즈에 대해서 좀 더 살펴보자. 음식 프랜차이즈는 다른 여타의 프랜차이즈 사업에 비해 트렌드에 굉장히 민감하다는 특성을 지니고 있다. 그러니까 트렌드를 제대로 따라잡을 수 있느냐 없느냐에 따라 성패가 좌우되는 사업이라는 뜻이다.

트렌드의 원뜻은 추세, 경향 등을 의미하지만 사회 환경이나 사업, 문화의 흐름이 어떻게 흘러가고 있는지를 말하는 현상으로 풀이되기도 한다. 이러한 현상을 두고 사회 흐름이 소비자를 변하게 하는 것인지, 소비자가 사회의 흐름을 주도하고 있는 것인지 그 의견이 분분하지만, 한 가지 분명한 것은 사회와 소비자가 둘 다 변한다는 사실이다.

사회와 소비자가 둘 다 변하는 흐름 속에서, 앞서가고 따라가는 양면성을 지녀가며 입맛을 주도해가기란 쉽지 않다. 더군다나 소비자들의 의식구조 변화와 경영시스템의 전환도 트렌드에 큰 부분을 차지한다는 사실도 큰 부담이 아닐 수 없다. 트렌드가 중요한 것은 바로 이런 점들 때문이다. 소비자들의 구미에 맞게 새로운 트렌드는 새로운 마케팅과 새로운 서비스를 유도해야 하기 때문이다.

미국의 미래학자 앨빈 토플러의 '미래의 부(富)는 사회적, 문화적 조건에 의해 결정될 것'이라는 주장처럼 이제 우리는 사회적 트렌드를 무시하고는 그 무엇도 생각할 수가 없어진 것이다.

현재 우리나라 음식 프랜차이즈의 트렌드는 사회적 트렌드를 충분히 반영한 다각적인 방향으로 흘러가고 있다.

첫째, 고령화 시대를 맞아 폭넓은 연령대를 아우른다. 이 밖에도 건강을 중시하는 현대인의 트렌드에 맞춰 건강식이나 웰빙식, 자연생식, 건강보조식 등의 프랜차이즈가 성장하고 있다는 점도 눈에 띄는 현상이다.

둘째, 주 5일 근무제 확산으로 새로운 문화적 양상이 등장했다. 시간적 여유가 많아지고 레저를 겸한 음식점을 선호하는 사람들이 많아지면서 무엇을 먹느냐가 아니라 어디 가서 어떻게 즐기며 먹느냐에 초점을 맞춘 외식이 늘었다.

셋째, 글로벌시대를 맞이하고 다문화가족이 늘어나면서 복합화와 퓨전화 현상이 두드러졌다. 특히 음식 프랜차이즈의 복합화와 퓨전화는 최근 들어 아주 두드러지게 나타나는 추세인데, 예를 들어 일식과 한식을 접합시킨 요리집의 경우는 복합화에 해당하고, 젊은이들의 입맛에 맞게 변형된 퓨전 바는 퓨전화에 속한다고 할 수 있겠다.

향후 몇 년 동안, 우리나라 음식 프랜차이즈의 트렌드는 기능 위주가 아닌 기호 위주의 소비 형태를 띨 것으로 예상되며, 가장 대중적이면서 연령대별로 차별화를 갖춘 고객 맞춤형 프랜차이즈가 대세를 이룰 것으로 전망된다.

2008년 12월 31일 프랜차이즈협회에서 실시한 조사에 따르면, 우리나라에 존재하고 있는 프랜차이즈 본사의 숫자가 1,405개나 된다고 한다. 그중 서울에 736개, 경기도에 95개, 대구에 79개 등으로 한 해 동안만 무려 200여 개가 넘는 프랜차이즈 본사가 소멸되고 80여 개 이상의 본사가 새로 생긴다.

위와 같은 통계로 알 수 있는 사실은 단기간에 너무 많은 프랜차이즈 본사가 생겼다가 사라진다는 점이다. 이유는 점점 다양해지고 까다로워지는 고객의 입맛을 충족시킬 만한 메뉴 개발에 실패했기 때문이다. 무조건 파격적이고 새로운 것만이 우위를 차지하는 것은 아니다. 이젠 보다 보편적이고 신뢰받는 프랜차이즈가 고객의 인정을 받는 시대다.

우리나라에 존재하는 프랜차이즈는 크게 두 가지 종류로

나누어 볼 수 있다. 하나는 개인 창업으로 출점을 했다가 명성을 얻고 체인점 문의를 해오는 사람들이 늘어나면서 그들에게 프랜차이즈 형식의 점포를 내도록 허락해준 경우다. 다른 하나는 출점 당시부터 프랜차이즈를 목적으로 가맹본부를 설립하고 가맹점 가입을 시도한 경우다. 불과 몇 년 전까지만 해도 전자의 경우가 많았으나 이제는 비교도 할 수 없을 만큼 후자의 경우가 대부분이다.

점주의 자세

'일본전산'의 CEO, 나가모리 시게노부가 이런 말을 했다고 한다. '무엇으로 사람의 마음을 잡을 것인가? 사람은 이상만으로 동행해주지 않는다. 저 사람을 따라가면 굶어죽지는 않겠다는 생각이 들어야 한다.'

굶어죽지 않는다는 말이 자극적으로 들리기는 하나 요즘처럼 경기가 어려운 시대라면 딱히 그 표현 말고는 다른 적합한 말을 찾을 수가 없을 것 같다. 아마 취미와 재미로 음식장사에 뛰어드는 사람은 없을 것이기 때문이다. 취미와 재미는 치열함이 없어도 할 수 있는 일이겠지만 음식장사는 치열함이 없다면 단 하루도 견디기 힘들다.

점주의 자세를 말하면서 서두부터 치열함을 얘기하는 이유는 점주의 역량에 따라 가맹점의 매출이 달라지기 때문이다. 왜 똑같은 레시피로 음식을 만들어 팔고 똑같이 교육을 받는데도 어떤 가맹점은 매출이 상위권이고 어떤 가맹점은 하위권을 벗어나지 못하는 걸까?

그것은 바로 가맹본부의 역량이 50%라면 나머지 50%는 점주의 역량이기 때문이다. 같은 가맹점이라도 점주의 태도나 자세가 소극적이고 수동적이라면 그 결과는 불 보듯 뻔한 것이다. 그와는 달리 성공한 점주들에게는 몇 가지 공통점이 있다.

첫째, 마케팅이나 종업원 관리에 적극적인 노력을 한다. 둘째, 프랜차이즈만의 장점을 살린 경쟁력 강화에 주력한다. 셋째, 가맹본부와 원만한 관계를 이루며 가맹본부의 원칙과 전략을 잘 수행하며 현장에서 얻은 다양한 경험과 정보를 본사에 제공하는 주체가 된다.

위의 공통점 세 가지 중에서 가장 중요한 것은 마지막 세 번째라고 볼 수 있다. 왜냐하면 가맹본부와 가맹점의 긴밀한 체제를 통한 윈윈전략의 가장 기본이 되는 사항이기 때문이다.

가맹점은 같은 상표와 상호를 가지고 사업체를 경영하는 만큼 가맹본부를 대신하는 하나의 개체라고 말할 수 있다. 그러므로 가맹본부의 원칙에 어긋나는 경영을 한다는 것은 가맹본부와 노선을 달리 하겠다는 의도라고 밖에 해석할 수가 없다. 뿐만 아니라 그렇게 가맹본부의 원칙에 반해 독자적으로 경영을 해서 성공한 케이스도 드물다.

왜 '아름다운'인가?

'Yes, We Can'

우리는 이 한 마디의 위력이 얼마나 대단한지 미국의 대통령 선거를 지켜보면서 알 수 있었다. 그것은 인종, 전통, 세대를 모두 초월한 가장 강력한 메시지였다. 그리고 오바마라는 '브랜드'를 형성하는 데 가장 영향력 있는 메시지이기도 했다. 그러고 보면 사람들을 설득하고 따라오게 만드는 것은 수다한 말이나 행동이 아닌 것이다. 짧지만 강한 것에 얼마든지 힘과 에너지가 담기는 것을 보면 말이다. 그것이 바로 브랜드의 이미지 파워다. 음식점도 마찬가지다. 무언가 많은 설명을 하고 어필을 하기보다는 그 자체로서 브랜드가 되어야 한다. 때로는 음식 자체가 브랜드가 될 수도 있다. 그래야만 경쟁력을 보유할 수 있게 된다.

언젠가 신문 칼럼에서 초콜릿에 관한 이야기를 읽은 적이 있는데 브랜드의 힘이 얼마나 강력한 것인지 잘 입증해주는 글이었다.

'고독의 맛, 가나 초콜릿'이라는 컨셉이 결국 L제과의 브랜드를 급상승시켰다는 내용이었는데, '고독의 맛'이라는 브랜드 이미지가 나오기까지 수많은 광고카피가 물망에 올랐었다고 한다. 결국 가을, 커피, 낙엽과 같은 단어들을 연상하며 고독이라는 단어를 뽑아냈고 그것이 초콜릿의 갈색 색깔에 가장 부합된다고 판단해서 그렇게 정한 것이라고 한다.

꼭 고독할 때만 초콜릿을 먹는 것은 아니지만 고독과 초콜릿…. 두 단어는 어딘지 모르게 닮았다. 닮는 것, 닮아가는 것, 아니 그 브랜드의 이미지와 똑같아지는 것…. 그것이 바로 브랜드 파워다.

나는 종종 '왜 '아름다운'이라는 명칭을 기업의 브랜드로 만들었는지에 대한 질문을 받는다. 그도 그럴 것이 내 외모가 회사명 '아름다운'과는 전혀 매치가 안 되는 모양이다. 하지만 '사람이 아름다워지고 마음이 아름다워지고 결국 나 자신까지 아름다워지는 기업'을 만들려는 취지라고 설명하면 대부분은 고개를 끄덕이며 수긍한다. 그러면 나는 거기에 한 마디 더 부연설명을 한다. '아름답게 나누는 기업을 만드는 게 저희 회사의 목표입니다.'

'아름다운'의 사전적 의미는 균형과 조화를 이루어 즐거움과 만족을 줄 수 있어야 한다는 것이다. 이 말을 곧이곧대로 해석하자면 즐거움과 만족을 줄 수 있는 모체가 결국 균형과 조화를 완성한 대상이어야 한다는 얘기다. 그래야 그것을 여러 곳에 나누어 줄 수 있을 테니까 말이다. 그렇게 아름답게 균형과 조화를 이루어 세상을 환하게 비추고 스스로도 환해지는 것…. 그것이 바로 아름다운 FC의 목적이자 브랜드 파워다.

아름다운 FC의 균형과 조화는 첫째, 음식의 궁합으로부터 시작된다. 음식은 겉으로 보기에는 하나의 형태지만 그 안에서는 많은 음양의 식재료들이 균형과 조화를 이루고 있는 것이다. 아름다운 FC는 그러한 음식의 균형과 조화, 궁합에서 생성된 맛의 아름다움을 추구한다.

둘째, 본사와 가맹점의 커뮤니케이션이다. 음식에만 궁합이 있는 것은 아니다. 사람 사이에도 얼마든지 대화의 궁합이나 성격의 궁합이 존재한다. 아름다운 FC는 본사와 가맹점간의 윈윈전략 시스템을 최대 목표로 삼고 있다. 각각의 가맹점은 아름다운 FC 본사의 줄기에 해당하지만 결국 그 줄기가 부실해지면 뿌리도 살아남기 힘들다는 것을 잘 알고 있기 때문이다. 뿌리와 줄기가 모두 살아남는 방법, 그것은 바로 본사와 가맹점 간에 아름다운 균형과 조화를 이루는 것이다.

셋째, 아름다운 FC는 고객의 20대부터 90대까지 모든 세대를 아우르는 조화를 지향한다. 아름다운 FC의 세 브랜드

'아름다운 찜', '아름다운 보쌈', '와비사비'는 남녀노소를 불문하고 모두가 즐길 수 있는 전천후 메뉴다.

味之美, 즉 맛의 아름다움을 창조하는 것은 어느 한 가지 노하우나 기술만으로 되는 일은 아니다. 원재료에서부터 인테리어에 이르기까지 모든 요소가 맞물려 맛의 아름다움을 만들어내는 것이기 때문이다. 그렇기 때문에 아름다움은 '완전함'이라는 의미로도 통용되는 것이다. 하지만 그러한 아름다움과 완전함도 아름다운 모토가 없으면 불가능한 일이다.

건설 쪽이든 프랜차이즈 쪽이든 사업설명회를 하다 보면 우리 '아름다운 기업'의 컨셉과 브랜드에 대해서 단 한 마디로 어필을 해야 할 때가 있다. 그러면 나는 '할 수 있다.'는 말을 하기 전에 '할 수 없다는 생각은 한 번도 해보지 않았다.'고 말한다. 할 수 없다는 생각을 하는 그 순간, 정말 할 수 없어지는 것이다. 아름다운 FC는 할 수 없는 일은 시작하지 않는다. 그 역시 우리 회사의 브랜드 파워다.

味之美,
아름다운 FC의
7가지 비밀

1. 정확한 정보만큼 확실한 안내자는 없다

전문가의 눈에 비친 상권

어릴 적 살던 동네를 떠나 다른 동네로 이사를 갔던 적이 있었다. 아버지가 하시는 일 때문에 어쩔 수가 없었던 일이었는데 나로서는 나고 자란 정든 동네를 떠나는 것이 그리 쉬운 일만은 아니었다. 새 동네로 이사를 가서도 한동안 나는 낯선 친구들과 낯선 길 때문에 스트레스를 받아야 했다.

시간이 흐르고 몇몇 친구들을 사귀게 되었을 때 그 아이들을 따라 동네 곳곳을 돌아다니며 나는 많은 경험을 했다. 그때

온 동네를 누비며 길 안내를 하던 친구가 그렇게 멋있어 보일 수가 없었다.

가끔 부동산 개발 상담이나 상권분석 상담을 할 때면 어릴 적 그 친구가 생각이 난다. 그 친구가 대단해 보였던 것은 내가 알지 못하는 것을 알고 있었기 때문이었다. 덕분에 나는 위험한 곳을 피해 다닐 수 있었고 지름길을 알아낼 수 있었다.

이젠 내가 그 역할을 하고 싶다. 부동산개발 전문가(현재 한국경제신문사에서 매주 2회 부동산개발관련 및 상권분석 강의 중)로서의 경험과 건축시행(아름다운 건설 CEO), 인테리어, 국내 상권에 관한 모든 분석의 노하우를 점주들에게 전수할 것이며 위험한 곳과 빠른 곳을 안내하는 사람이 되고 싶다.

그래서 점주들로 하여금 단순히 음식장사를 한다는 개념에서 벗어나 경영이념을 가진 경영자의 위치에 서게 하고, 더 나아가 상권을 활성화시켜 3년 내에 점주들이 자신의 상가를 가질 수 있도록 역량을 키워내는 것이 아름다운 FC의 목표다.

예를 들면, 서초구 양재지점에서 보증금 1억 원에 월세 250만 원 권리금 2,000만 원인 조건으로 출점하였을 시, 아름다운

FC는 2년 내에 권리금의 차익을 얻을 수 있도록 그곳 점포를 최고의 상권으로 개발할 것을 약속한다.

2. '최고'가 아니면 최고가 될 수 없다

식자재는 별 다섯 개

'잘되는 음식점의 냉장고는 비어있다.'는 속설이 있다. 물론 음식이 잘 팔리니까 재고가 없어서도 그렇겠지만 그날 그날 신선한 재료를 쓰기 때문에 냉장고에 재료가 들어갈 틈이 없다는 얘기다. 아무리 이 음식이 맛있네, 저 음식이 맛있네, 해도 정말 맛있어야 하는 것은 바로 원재료다. 원재료가 좋지 않으면 그 위에 어떤 양념을 버무려놓는다고 해도 맛깔스럽지 않다.

그런 면에서 신선한 식자재는 음식의 원석이라고 표현할 수 있다. 원석은 언제나 최고이어야 한다. 그래야만 그것이 음식으로 변신을 꾀했을지라도 그 고귀함과 우수성이 항상 배어나올 수 있는 것이다. 다이아몬드 원석이 빼어나지 않고는 다이아 반지가 아름다울 수 없듯이 식자재가 최고가 아니라면 그것으로 만들어진 음식 또한 최고가 될 수 없다. 최고의 식자재를 쓰는 것은 음식업을 하는 사람들의 양심이며 자존심이다. 양심과 자존심을 버리고 일순간 기쁨의 순간을 맛볼 수는 있어도 영원히 웃을 수는 없다.

아름다운 FC는 최고의 식재료로 최고의 맛을 추구하는 프랜차이즈다. 눈앞의 얄팍한 이득을 취하기 위해 양심과 자존심을 버리지 않으며 장인정신이 결여된 음식을 만들지도 않는다.

3. 보여주는 것이 경쟁력이다

주방 CCTV

음식점의 꽃이 어딜까? 바로 주방이다. 그렇다면 그 꽃이 가장 화려하게 빛날 때는 언제일까? 맛있는 음식을 끊임없이 요리해낼 때 일 것이다. 꽃의 생명이 아름다움이라면 주방의 생명은 바로 청결함이다. 아무도 이 말에 이의를 제기하는 사람은 없을 것이다. 하지만 문제는 누구나 알고 있는 그 사실이 잘 지켜지지 않는다는 것이다.

주방이 청결해야 하는 이유는 우리 몸속으로 들어갈 음식을 만들어내는 곳이기 때문이다. 청결하지 않은 음식이 우리 몸속으로 들어가 어떻게 될지 상상한다면 해답은 이미 나온 것이다. 나는 항상 음식점에 가면 숟가락부터 쳐다본다. 숟가락들이 얼마나 깨끗한지를 보면 이 집이 얼마나 청결에 힘쓰는 집인지 알 수 있기 때문이다. 그렇게 작은 곳에서부터 청결을 지킨다면 그 나머지 부분에서도 자연스럽게 지켜질 것이다.

음식장사도 신뢰를 파는 장사다. 그 집 음식이 맛있다는 신뢰, 깨끗하다는 신뢰를 가져야만 고객은 지갑을 연다. 아름다운 FC가 가맹점 주방에 CCTV를 설치하는 이유는 고객과 주방의 커뮤니케이션을 위해서다. 고객과 주방의 커뮤니케이션이라는 말이 생경하게 들릴지 모르겠다.

그렇다면 이렇게 예를 한번 들어보자. 우리가 전화 통화를 할 때 한 쪽은 말이 없고 다른 한 쪽은 말이 많다고 가정했을 때 두 사람의 대화가 어떻게 될까? 우리는 지금까지 대화가 통하지 않는 전화 통화를 하고 있었다. 그러니까 당연히 불신이 생긴 것이다.

원활한 의사소통을 하는 사람들에게서는 절대로 불신이 생기지 않는다. CCTV는 감시 기구가 아니라 가맹점 점주와 고객 간의 대화채널이며 신뢰를 쌓아가기 위한 연결 통로다. 아름다운 주방에서 아름다운 음식이 나온다. 주방을 공개함으로써 고객들로 하여금 음식조리 과정과 잔반처리 과정의 불신을 허물고 싶다. 여태껏 우리나라 음식점 주방은 폐쇄적인 공간이었다. 며느리도 몰라, 아무도 몰라, 하는 광고처럼 그렇게 해야 음식의 비법이 탄로 나지 않았고 또 그렇게 해야 '그들만의 공간'으로 유지될 수 있었다. 하지만 그들만의 공간이 고객들로 하여금 철저하게 의심받고 외면당한다는 사실까지 묵과할 수는 없었다. 그러기에는 너무 많은 비리들이 저질러지는 곳이 되어버렸다. 이제 고객은 믿을 수 있는 음식을 마음껏 먹기를 원한다. 그것의 해답은 바로 신뢰다. 우리는 신뢰로 경쟁을 하는 시대를 맞았다. 7, 80년대 가격이 경쟁력이던 시대를 지나

90년대 맛의 경쟁력이던 시대를 거치더니 급기야 2000년대에는 신뢰가 경쟁력이 되어버렸다. 이제 신비로운 주방 대신 '공개되는 주방'을 더 선호하는 고객을 상대해 기존의 가격, 맛, 신뢰까지 한꺼번에 대접하는 프랜차이즈가 되어야 한다. 이제는 보여주는 것이 경쟁력이다. 보여주지 않고는 고객들에게 믿음을 안겨줄 수 없다.

주방을 얘기하다 보니 한 가지 더 짚고 넘어가야 할 부분이 있다. 바로 주방장이다. 그동안 내가 직접 음식점을 경영하면서 느낀 점은 주방장이 부재했을 때 경영시스템 자체가 흔들린다는 것이었다. 그런 문제점을 해결하기 위해 아름다운 FC는 주방장이 부재했을 때도 점주가 직접 주방을 운영할 수 있도록 메뉴 시스템을 개발, 교육한다.

3-1. 전 가맹점을 감독, 지시할 수 있는 본사의 상황실

아름다운 FC는 본사 상황실에 52인치 LCD TV 8대(지역별,

품목별)를 마련해, 전 가맹점에 설치된 CCTV로 실시간 전 매장 상황을 점검할 수 있도록 했다. 이러한 시스템은 각 가맹점끼리 상호보완 내지는 견제를 할 수 있는 시스템이며 본사가 주방의 청결상태, 조리과정, 복장 등의 상태를 실시간으로 확인하고 관리하게 한다. 이는 교통방송국 상황실이 실시간으로 교통정보를 알려주는 효과와 비슷하며 모든 가맹점의 상황과 정보를 실시간으로 점검하여 리스크를 원천봉쇄한다는 취지에서 비롯된 것이다. 특히 주목할 점은 상황실의 카메라에 확대기능을 추가해 화장실 청소상태 및 주방 청결상태 점검까지 가능하게 한다는 것이다.

4. 아이디어가 돈줄이다

식탁의 재발견

앞에서도 언급했지만 우리 회사는 일주일에 한 번 월요일 아침에 직원들 전체 회의를 한다. 그런데 직원 중 한 명이라도 회의시간에 도착하지 않으면 회의를 하지 않는다. 대신 그날은 직원 전체가 야근을 해야 한다. 일종의 벌칙인 셈이다. 그런데 벌칙은 직원들만 받는 게 아니라 사장인 나도 받는다. 회사 식당에서 직원들 점심을 해주어야 하는 벌칙이다. 물론 그것은 내가 정한 벌칙이다. 몇십 명이나 되는 직원들의 점심을 해주려면 꼼짝없이 주방에서 몇 시간을 보내야 하는 것이다.

맨 처음 이런 벌칙을 실행했을 때 모든 직원들이 어리둥절했었다. 그도 그럴 것이 지각한 직원을 혼내기는커녕 식당으로 들어가 밥을 하는 사장을 보고 왜 안 그랬겠는가 말이다. 그런데 그러한 벌칙의 효과는 생각보다 빨리 나타났다. 점심 짓기 몇 번 만에 지각 직원이 완전히 없어진 것이다. 직원들은 다른 사람도 아닌 사장이 직접 식당에 들어가 밥을 해주는 것이 못내 불편했던 모양이다. 사실 몇 번 그렇게 하고 나니까 너무 힘들어서 일요일 밤만 되면 은근히 나 자신도 걱정스러웠었다.

그런데 그 벌칙 때문에 생긴 에피소드가 한 가지 더 있다. 언젠가 그날도 지각한 직원이 있어서 벌칙으로 내가 점심을 하고 직원들이 다 같이 점심을 먹고 있었는데 지각한 직원이 눈치를 보며 불편하게 밥을 먹고 있는 게 눈에 띄었다. 그것을 보고는 아이디어가 떠올랐다. 식탁에 칸막이가 있으면 좋겠다, 라는 생각을 한 것이다.

고객들이 바로 옆 식탁에 앉은 사람들의 말소리나 행동에 신경 쓰이는 것을 막기 위해 조립식 칸막이를 식탁에 장치해 두었다가 필요에 따라 올리고 내린다면 아주 유용할 것 같았다. 그렇게 해서 바로 아름다운 FC만의 특허 식탁이 탄생한 것이다. 그 식탁 가운데에 아름다운 FC의 상징 색깔인 주황색 띠를 디자인한 것도 아이디어였다. 이 띠는 홀 안에 있는 식탁들이 일사분란하게 정렬되도록 잣대 같은 역할을 해준다.

5. 이미지와 정성이 최고의 양념이다

아름다운 그릇

대부분의 사람들이 음식은 입으로만 먹는다고 생각하지만 사실은 그렇지 않다. 이미 입안으로 음식이 들어가기 전, 눈으로 한번 맛을 느끼기 때문이다. '보기 좋은 떡이 먹기도 좋다.'는 말도 있듯이 제아무리 맛있는 음식도 보잘 것 없는 그릇에 담겨 있다면 그 맛이 떨어진다. 그릇은 포장이나 용기의 개념이 아닌 음식을 더욱 돋보이게 하고 맛있게 하는 덤의 개념이다. 덤이라면 제값 외에 거저 주는 것을 의미하지만 정작 그 개념으로만 생각해, 덤은 그냥 덤일 뿐이라고 말한다면 진정한 음식장사가 될 수 없다.

음식은 맛과 더불어 정성을 먹는 것이다. 음식이 음식으로서의 가치를 갖고 하나의 완성품으로 탄생하기 위해서는 조리과정만 다 마쳤다고 해서 되는 게 아니다. 음식의 완성은 바로 그릇에 담기는 순간까지이기 때문이다.

아무리 비싸고 고급스러운 음식이라도 그릇이 나쁘면 음식의 가치가 떨어지고 아무리 싸고 보잘것없는 음식이라도 좋은 그릇에 담기면 그 가치를 더하는 것은 그저 가치의 기준에서만 끝나는 것이 아니라 매상과도 직결되는 부분이기 때문에 아무리 강조해도 지나치지 않다는 생각이 든다.

인사동에 있는 D 한정식집은 내가 시내에 볼일이 있을 때마다 식사를 하러 가는 곳인데 옥에 티처럼 항상 마음에 걸리는 것이 하나 있었다. 음식은 흠 잡을 데 없이 맛있는데 그릇이 그 맛있는 음식을 잘 못 받쳐주고 있다는 점이었다. 마치 잘생긴 사람이 옷을 잘못 입어 인물이 떨어져 보이는 것처럼 말이다.

점주가 개발한 메뉴를 포함해 삼십여 가지나 되는 음식이 한 눈에 들어오지 않는 이유도 그릇들이 일률적이지 않은 모양과 크기를 하고 있기 때문이었다. 그렇다 보니 전체적인 상차림이 어수선했다. 그릇이 어수선하여 음식의 맛을 반감시키는 것은 치명적이다.

그릇이 음식을 담아내는 기능이 있다면 그 기능으로 인하여 인건비를 고려해야 하는 부분도 있다. 어떤 장사든 최소의 자본으로 최대의 이익을 창출하는 논리에 부합되지 않는 장사는 없다. 고로 인건비를 줄이면서 최상의 서비스를 꾀할 수 있다면 그보다 더한 메리트는 없는 것이다.

음식장사는 점포가 필요하고, 주방장이 필요하고 서빙하는 사람이 필요하고, 팔 음식이 필요한 사업이다. 이 모든 요소가

서로 결합해 상호작용을 이룬 결과물이 바로 이익이다.

이 요소들 중에서 비용지출을 절감할 수 있는 부분이 과연 무엇일까를 고심하던 중, 5찬을 기준으로 한 '1-set 찬기'를 고안해냈다. 이것은 다섯 개의 그릇이 모자이크처럼 디자인되어 있다. 이 그릇들을 한 쟁반에 담아 한 번에 나를 수 있게 함으로써 여러 개의 그릇을 여러 번에 걸쳐 나르는 수고와 시간을 덜려는 것이다.

인건비를 줄이는 것 역시 이익을 창출하는 길이다. 결국 그것도 전체적인 매출에 큰 영향을 미치기 때문이다. 손만 많이 가고 매출에는 전혀 도움이 되지 않는 노동과 서빙이라면 점주에게 결코 득이 되는 일이 아니기 때문이다. 어차피 장사는 인건비 싸움이다. 그런 까닭에 아름다운 FC는 그릇 안에 인건비의 비밀까지 숨겨놓았다.

또 한 가지, 그릇 속에 숨은 비밀은 다섯 개의 접시에 점주의 능력을 담을 수 있다는 것이다. 대부분의 프랜차이즈 본사들이 반찬을 천편일률화시키는 것에 반해, 아름다운 FC는 다섯 개의 밑반찬 접시를 비워두었다. 그 접시에 그 점포, 그 점주만의 노하우가 담긴 반찬을 담아내라는 취지다.

장사가 잘되는 음식점에 가 보면 언제나 반찬이 정갈하고 맛있다는 공통점이 있다. 그것은 그 음식점이 얼마나 기본이 잘되어 있는지를 말해주는 것이다.

요즘은 심심찮게 음식점 입구에서 '반찬을 재활용하지 않습니다.'라는 문구를 읽을 수 있다. 이런 문구를 읽고 들어와 안심하고 식사를 하는 것과 아닌 것은 천지차이다. 신뢰를 할 수 있다는 것은 그만큼 점주에게나 그 음식점으로서는 플러스이기 때문이다.

비싼 비용을 감수하고서라도 모든 그릇을 자연친화적인 도기로 제작한 것도 그릇이 음식점의 이미지를 좌우하는 중요한 요소이기 때문이다.

강도가 세고 편리하다는 이유만으로 안전성이 검증되지 않은 불확실한 재료로 식기를 만들어 쓰는 많은 음식점들과는 차별화를 꾀했다. 이는 멜라민 남용에 대한 우려를 불식시킴으로써 고객들로 하여금 믿고 먹을 수 있는 신뢰를 형성하게 할 것이다.

보쌈의 경우, 고객이 식사를 마칠 때까지 돼지고기가 가장 맛있는 온도를 유지할 수 있도록 불을 이용, 스테인리스 그릇에서 물이 계속 데워질 수 있게 고안했으며, 그 위의 도기에 돼지고기를 담아내도록 했다. 도기는 고기의 기름이 밑으로 빠지도록 작은 구멍을 뚫어 제작하였으며, 두 개의 턱을 만들어 소, 대의 구분에 따라 도기를 걸도록 되어 있다.

그릇의 차별화는 결국 맛의 차별화를 가져온다. 아름다운 로고 뒤에 빈 괄호를 새겨 넣은 의도 역시 차별화와 고객의 호기심을 자극하기 위한 목적이었다. 빈 괄호 안에는 그 그릇에 담긴 음식의 이름이 들어갈 수도 있고, 음식을 먹고 있는 고객들의 상상에서 비롯된 제 3의 단어가 들어갈 수도 있다.

그릇은 이야기와 맛을 담은 또 다른 음식이다. 그것을 잘 알기 때문에 그냥 밋밋한 그릇이나 뚝배기에 찌개를 담아내는 경쟁점들과는 달리 김치찌개, 된장찌개, 부대찌개도 2인 이상일 경우, 전골냄비를 보쌈과 마찬가지 방식으로 데워서 서빙할 수 있게 했다. 그리고 모든 찌개에 소면을 무료로 제공해 고객들로 하여금 새로운 맛을 음미할 수 있도록 메뉴를 기획했다.

6. 아름다운 서약

간판에 프린팅된 손바닥

맹세는 언제나 신선하고 아름답다. 앞으로의 희망과 그 희망의 간절한 의지를 담는 것인 만큼 아름다운 FC는 실제 가맹점주의 손바닥을 간판에 프린팅해서 설치한다. 간판은 점포의 얼굴이다. 그 얼굴에 맹세를 담은 점주의 손바닥 프린팅을 넣어둔다는 것은 그만큼 자신 있게 일을 하겠다는 뜻이다. 이 손바닥의 맹세는 두 가지 의미를 가지고 있다.

첫째는 외향적인 효과다. 조명에 변화를 줌으로써 마치 두 개의 간판인 듯한 효과를 주어 단조로움을 탈피했다. 특히 간판에 있는 손바닥과 그 옆에 적힌 선서문은 야간에 빛을 발하도록 고안해 영업 종료 후에도 고객들에게 후광을 발하는 역할을 한다.

두 번째는 각오와 다짐의 의미다. 고객을 생각하는 한결같은 마음을 손바닥 프린팅으로 표현한 것이다. 선서나 다짐을 할 때도 손바닥이 보이도록 손을 들고 하고, 부정을 표현할 때도 손바닥이 보이도록 손을 들고 하는 것에 착안해, 이 상징은 Yes와 No, 두 가지를 모두 포함하고 있다. Yes 의미는 언제나 고객에게 Yes라고 말하라. No의 의미는 No 폐점이라는 뜻이다.

영업 중인 점포의 간판은 음식에 관한 호감도를 부각시키는 주황색을 바탕으로 했으며(간판 내에 표기된 '아름다운 보쌈', '아름다운 찜'은 초록색 글씨) 전면에 조명을 발하는 것으로 제작되었고 영업 종료 시에는 손바닥과 점주의 각오, 상징물(보쌈일 경우 돼지, 찜일 경우 물고기)에만 조명을 점화시켜 어두운 밤 시간대, 멀리서도 뚜렷하게 보일 수 있는 '시선마케팅'에 주력했다.

7. 투명한 것이 경쟁력이다

유리문 냉장고

가맹점 전 점포에 비치되는 냉장고는 안이 훤히 들여다보이는 유리문으로 제작되었다. 보이는 곳만 보여주는 것이 아니라 보이지 않는 곳까지 고객에게 보여줌으로써 신뢰로 승부하려는 의도에서다. 고객은 주방 냉장고에 무슨 재료가 얼마만큼 들어 있으며 어떤 상태로 들어 있는지 직접 눈으로 확인함으로써 보다 더 안심하고 음식을 먹을 수 있게 된다. 뿐만 아니라 모든 가맹점은 냉장고 첫 번째 칸에 동일한 재료를 넣어둠으로써 균일하게 재료를 관리할 수 있도록 본사가 관리한다. 결국 음식은 모든 재료를 관리하는 데서부터 시작해야 하기 때문이다.

특별하다는 것은 우월하다는 것이다

아름다운 FC만의 특별한 젓가락(11) 약속

1. 이윤 확정제

아름다운 FC는 가맹점과 평생 동지라는 이념을 가지고 있으며 고통을 함께 분담하고, 함께 성공하고자 하는 마음으로 이윤 확정제라는 제도를 실시한다. 그와 더불어 이윤 확정제 서류에 서명을 하고 본사의 지시대로 이행했음에도 불구하고 약속한 이윤이 발생되지 않았을 경우, 차액의 50%를 본사에서 지원한다.

우리나라 프랜차이즈 역사상 단 한 번도 시행된 적이 없는 전대미문의 이러한 파격적인 제안을 하는 이유는 그만큼 자신이 있기 때문이다.

2. 본사 교육장의 체계적인 교육

프랜차이즈의 성패는 교육에서 결정 난다. 프랜차이즈에 조금이라도 관심이 있는 사람들이라면 하나 같이 교육의 중요성을 강조하고, 그것이 성패를 가늠하는 잣대라고 말한다. 그 이유는 국민에게 신뢰 받고 명품 브랜드로 자리 잡기 위해서는 교육을 통해 전체적인 질을 향상시켜야 하기 때문이다.

그렇기 때문에 '프랜차이즈사업은 교육사업'이라는 말도 나온 것이다. 아름다운 FC는 본사에 교육장을 마련해 가맹점주와 종업원들의 체계적인 교육을 함양한다.

김헌희 교수를 비롯해 저명한 외부강사와 내부강사가 교육을 맡는다.

3. 이벤트의 차별화

아름다운 FC는 찜이나 보쌈 요리의 특성상, 점심시간대가 저녁시간대보다 고객들의 집중도가 더 큰 점을 이용, 12시 이전에 고객들을 유입하기 위한 전략을 세웠다. 평일 오전 11시 30분부터 12시까지 '아름다운 보쌈', '아름다운 찜'을 내점하는 고객을 대상으로 음식값의 20% 할인을 해준다.

평일뿐만 아니라 주말인 일요일에도 20% 가족할인을 실시하여 고객들의 관심도를 유발하고 그와 동시에 경쟁점과의 차별화를 꾀한다. 이는 점포 내 객석 회전율을 높일 수 있으며 매출의 극대화를 도모할 수 있다.

또한 실시간 이벤트와 월별 이벤트, 분기별 이벤트를 실시함으로써 여행상품권, 학자금 지원 등을 활발하게 실시할 것이다. 예를 들어 아름다운 FC의 모든 가맹점에서 5만 원 이상 카드사용자에 한하여 5명을 추첨하여 효도 관광상품권을 제공한다거나 장학금 전액을 지원한다.

LCD TV는 TV의 단조로움을 벗어나, G마켓, 인터파크 등 IT시대에 맞게 고객들과 눈높이를 같이 할 것이다. 이벤트 기간 중, 카드사용자에 한하여 국세청에서 카드사용을 유도(세금포탈 방지)하듯이 국가정책을 성실히 이행할 것이다.

앞에 언급한 이벤트를 진행함과 동시에 자동차 회사, 보험회사, 여행사, 병원 등과 업무협약에 의거한 행사도 연중으로 진행된다.

4. 사회봉사의 차별화

기업은 사회적으로 그 역할을 다해야 한다는 신념을 가진 아름다운 FC는 공헌사업에 적극적으로 힘을 기울일 것이다. 특히 봉사차원에서의 역할을 강조할 것이며 의욕은 있으나 창업하기 어려운 이웃들에게 100단위로 가맹점을 개설할 때마다 모든 비용을 전액 무료로 지원할 것이다.

성공하는 기업은 곧 봉사하는 기업이라는 이미지로 아름다운 FC는 대한민국 FC의 역사에 새로운 트렌드를 제시하는 기업이 될 것이다. 이러한 사회봉사의 차별화를 위하여 1년에 2회 이상 아름다운 FC에 관련한 논문 및 후기, 수기 대회를 주최해, 우수자를 뽑아 상금을 수여할 계획이다.

5. 모든 가맹점마다 개별 홈페이지 제작

타 경쟁업체들은 가맹점들의 홍보를 위해 약도와 간판만 홈페이지에 게시하지만 아름다운 FC는 모든 가맹점의 홈페이지를 개별로 제작하여 점주가 직접 관리할 수 있도록 한다. 가맹점의 홈페이지에는 점주의 각오와 내부점포의 모든 상황을 동영상으로 담아 홍보한다.

6. 신, 구세대를 공히 아우르는 메뉴

어느 음식 프랜차이즈나 가장 주안점을 두고 개발하는 것은 바로 메뉴일 것이다. 메뉴는 그 프랜차이즈만의 색깔이자 이미지이기도 하지만 고객의 트렌드에 가장 민감하게 반응해야 하는 부분이기 때문이다. 다시 말해 메뉴는 고유한 이미지를 가지고 있으면서도 다변적이어야 하는 것이다.

아름다운 FC는 그러한 메뉴의 특성을 잘 알고 있기 때문에 항상 메뉴 개발에 연구와 노력을 아끼지 않고 있다. 아름다운 FC 본사 건물에 메뉴 개발 연구실을 따로 설치해 일주일에 두 번, 메뉴 개발팀의 연구 실적을 발표하며 자문위원단 및 시식평가단의 의견을 수렴한다. 그리고 그로부터 얻은 결과들은 아름다운 FC 사업의 알차고 든든한 정보로 활용한다.

시식과 설문조사를 통한 결과 분석으로 나온 한 가지 예를 소개하자면 신구세대를 공히 아우르는 김치 메뉴는 바로 갓김치와 파김치, 배추김치였다는 것이다. 보통 보쌈이나 찜 요리를 시키면 한 가지 김치만 나오는 경우가 대부분이지만 아름다운 FC는 세 가지 김치를 메뉴에 포함시켰다.

입맛이 서구화된 신세대와 기존의 입맛을 고수하는 구세

대를 모두 만족시킬 수 있는 갓김치, 파김치, 배추김치를 밑반찬으로 제공함으로써 서브 메뉴로서의 역할을 톡톡히 해줄 것이다.

7. 폐점률 제로에 도전

아름다운 FC는 매주 1회 정기적으로 점주들을 대상으로 교육을 실시한다. 특히 본사 점검 시 지적을 받은 매장과 영업매출이 하향된 점포는 의무적으로 참여해야 하며 점주들의 마인드를 최상의 상태로 유지할 수 있도록 최고의 전문가(프랜차이즈 전문세무사, 창업전문가, 금융전문가, 법무전문가)를 초빙해 아름다운 FC 교육장에서 실시하도록 되어 있다. 특히 확약서에 표기된 가맹점의 의무를 어기고 본사의 삼진 아웃제에 해당되었을 때 점주들이 이혼, 이민, 보증으로 인한 파산 등으로 점포를 계속 경영할 수 없을 때라도 본사에서 인수, 운영한다.

8. 아름다운 인테리어

아름다운 FC는 모회사의 20년간 건설경험을 바탕으로 타의 추종을 불허하는 인테리어를 제시한다.

아름다운 찜과 아름다운 보쌈 점포는 전통 문양과 현대식 인테리어를 적절하게 조화시킨 단아하고 세련된 설계로 제작 하였고, 입식과 좌식으로 나누어 고객의 취향에 맞게 좌석을 배치했다.

특히 와비사비의 경우, 일본식 다다미방을 연상케 하는 인테리어로 고객에게 일본 전통의 분위기를 즐길 수 있도록 해준다.

9. 아름다운 FC 본사의 핫라인

아름다운 FC 본사와 점주들은 언제든지 온라인상으로 대화를 하도록 되어 있다. 이는 리스크를 수시로 체크하고 본사와 가맹점주 사이에 신뢰를 돈독히 쌓으려는 노력의 일환이다.

고객과 가맹점, 가맹점과 본사와의 이런 긴밀한 핫라인들이 결국 원활한 소통체계를 마련해 최고의 프랜차이즈로 거듭날 수 있게 하리라 믿어 의심치 않는다.

10. 메뉴의 로테이션화

프랜차이즈 특성상 메뉴의 통일성으로 지역 상권과 부합되지 않은 경우, 아름다운 찜과 아름다운 보쌈, 와비사비의 교체 시스템 운영을 꾀한다.

11. 인테리어 + 청결 + 청소 + 서비스 = 아름다운 FC

아름다운 FC는 가맹점 10개 당 슈퍼바이저 1명이 관리하도록 했다. 이는 타 경쟁점에 비해 관리가맹점이 현저히 낮은 것으로 보다 질 높은 관리 시스템을 추구하고자 하는 목적이 있다.

아름다운 FC의 대표 메뉴

아름다운 찜

찜 종류는 현재 전국 각지에 개인 음식점이나 프랜차이즈 형태로 아주 다양하게 분포되어 있다.

같은 찜이라도 요리 방법에 따라 다를 수 있으며 싱싱한 원재료의 구입이 어려워 취급하기 힘든 점도 있다. 하지만 아름다운 FC는 독특하게 개발한 특제 소스와 원재료 산지

직송 시스템을 활용, 한국인의 입맛에 맞게 야채와 양념, 각종 해산물과 함께 국내산 콩나물 등을 조리하는 시스템을 개발했다.

아구찜 외에 동태찜, 해물찜, 동태탕, 동태지리, 콩나물 국밥 등의 메뉴가 있다.

아름다운 보쌈

일산에서 10년째 보쌈집을 하는 K 사장의 경우, 돼지고기가 돼지고기 같지 않을 때 사람들은 감탄한다는 말을 한다. 돼지고기 같지 않은 돼지고기를 먹다니, 이게 대체 무슨 소린가 할 테지만 그것은 분명 그 집만의 노하우가 있는 것이다. 돼지고기는 서민적일뿐만 아니라 가족을 아우를 수 있다는 장점이 있다.

가족이라는 개념 속에는 남녀노소 모든 세대가 포함되어 있다. 즉 가족 모두를 만족시키는 메뉴는 전 세대를 만족시키는 메뉴라고 해도 과언이 아니라는 것이다.

가족문화가 발달한 민족일수록 음식문화가 발달해 있다. 우리나라의 가장 전통적인 음식인 김치와 가장 보편적인 음식 돼지고기가 만나는 보쌈은 해방 이후부터 대중화되었다.

돼지고기를 새우젓에 찍어 먹는 이유도 과학적이다. 새우젓 속에 함유된 프로테아제 성분이 소화제 구실을 하기 때문이다. 보쌈김치의 소로 쓰이는 굴에는 글리코겐이 들어 있어 소화흡수가 잘 되는 것은 물론 피로회복에도 효과가 있다.

돼지고기는 쇠고기에 비해 비타민 B1이 10배나 많아서 양질의 단백질을 섭취할 수 있다. 아름다운 FC의 보쌈은 국내산 암컷 돼지를 사용해 어느 연령대라도 즐길 수 있게 개발되었다. 아름다운 정통보쌈을 비롯해 와인숙성보쌈, 녹차숙성, 마늘숙성, 양파숙성, 된장숙성 등 다양한 맛으로 고객을 사로잡을 것이며 처음부터 끝까지 따뜻한 온기를 품은 돼지고기로 승부한다.

인공적인 온기가 아니라 자연 발생적인 온기다. 불이 물을 데우고 그 물이 증기를 발산하게 해 그것으로 고기를 적당 온도로 유지시킨다. 이밖에도 보쌈정식, 부대찌개 등의 사이드 메뉴가 있다.

이자까야 – 와비사비

사람들은 모국을 사랑하면서도 이국을 선망하는 심리가 있다. 그렇기 때문에 여행을 하는 것이리라. 지금 나는 그것이 옳다, 그르다를 얘기하는 것이 아니다. 다만 사람들의 그런 마음을 사업성에 결부시켜 아이템을 구성하는 것이 얼마만큼의 승산이 있느냐를 말하려는 것이다.

여행은 이국에 대한 호기심을 가장 쉽고 빠르게 해결할 수 있고 그 나라의 풍습과 역사, 풍경 등을 자연스럽게 경험할 수 있는 유일한 방법이다. 이것이 여행의 첫 번째 목적이라면 여행의 두 번째 목적은 그 나라의 독특한 음식을 체험하기 위한 것이다. 현지에 가서 먹는 음식 맛은 그 나라의 풍경과 어우러져 더없이 좋은 맛을 내기 때문이다.

하지만 여행이라는 게 맘만 먹는다고 쉽게 떠날 수 있는 것이 아니다. 그래서 사람들은 대안을 찾아낸다. 그것은 바로 우리나라 안에서 이국적인 문화와 음식을 찾는 일이다. 그것은 여행에 비해 다소 미비하고 부분적이기는 하지만 대리만족을 느끼기에 부족함은 없다.

이미 우리나라에는 프랜차이즈 형태이든 개인적인 창업이든 이국 음식점이 상당수 들어와 있다. 이태리의 스파게티나 베트남 쌀국수 프랜차이즈는 이미 널리 분포되어 있고 인도나 터키, 몽골, 아프리카 음식점도 눈에 띄게 늘어가는 추세다. 그중에서도 이자까야는 우리나라와 비슷하면서도 엄연히 다른 일본의 술 문화를 체험하기에 더없이 좋은 곳이다.

이자까야(いざかや)는 우리나라 말로 선술집이다. 회사원들이 고단한 하루 일과를 정리하며 퇴근길에 부담 없이 쉬어갈 수 있는 곳으로, 우리나라에 들어온 지는 약 30여 년 정도 된다. 이국적이면서도 우리나라 정서와 잘 맞는다는

장점 때문에 아주 빠른 속도로 확산되고 있다.

아름다운 FC의 이자까야 와비사비는 '불완전함 속의 아름다움'으로 해석될 수 있다. 낡은 것과 고즈넉한 아름다움에 심취하기를 좋아하는 일본인들의 미의식을 잘 나타내주는 말이지만 우리나라 사람들에게도 충분히 공감되는 정서다.

이국적이지만 친숙한 메뉴로 식사와 술을 겸할 수 있다는 장점 때문에 주로 젊은 층에 뜨거운 호응을 얻고 있지만 연령대에 상관없이 인기가 있다. 이자까야 와비사비에서 파는 술은 주로 사케다. 사케는 쌀로 빚은 일본식 청주다. 우리나라에선 정종으로 알려져 있으며 이 명칭은 일제 때 우리나라 최초로 만들어진 청주 공장 이름에서 따온 것이다. 하지만 우리나라 청주와는 차이가 있다. 밀로 누룩을 만드는 우리나라와는 달리 일본에서는 쌀로 누룩을 만들며 사케를 만들기 위한 쌀을 따로 재배하기 때문이다.

사케의 종류와 가격은 천차만별이며 고가일수록 병 색깔이 짙고 뒷맛은 깔끔하며 부드럽다. 데워서 마시기도 하고 차게 해서 마시기도 하는데 고유한 향을 즐기기에는 후자가 더 낫다. 데워서 마실 경우, 사람 체온과 비슷한 온도일 때 가장 맛있다.

'잠을 자지 않고 만든 술은 잠을 자고 있어도 팔린다.'

이것은 일본의 사이타마현에 있는 한 양조장에 걸려 있는 문구라고 한다. 사케를 만드는 정성스러운 과정을 아주 잘 표현했다는 생각이 든다. 그렇게 만들어진 사케는 맛과 멋을 공유한 안주와 요리의 맛을 더욱 더 부각시킨다.

와비사비에서 판매되고 있는 술은 아사히, 삿뽀로 등 일본 맥주를 비롯해 일본 사케만 30여 가지가 넘고 일본 전통식 안주와 요리는 120여 가지나 된다. 거기에 식사를 병행할 수 있도록 라면, 우동 등 나베요리 20여 가지, 샐러드 20여 가지, 오꼬노미야끼를 비롯한 꼬치, 구이요리 등도 10여 가지가 넘는다.

이바라키현에 있는 850년 전통의 한 양조장에 수 대째 내려오고 있는 가훈은 '酒, 米, 土, 水, 木'이라고 한다. 좋은 술은 좋은 쌀에서 나오고, 좋은 쌀은 좋은 흙에서 나오고, 좋은 흙은 좋은 물에서 나오고, 좋은 물은 좋은 나무에서 나오고, 좋은 나무는 술 창고에 쓰여 술을 지킨다는 뜻이다. 결국 좋은 술은 좋은 나무의 힘으로부터 원천을 얻는다는 얘기다.

무엇을 하든 그 원천이 튼튼하고 풍성해야 그 가지가 무성하고 아름다워지는 것이다. 아름다운 FC는 항상 가맹점의 든든하고 풍성한 원천이 되어 줄 것이다. 그래서 가맹점주들이 진정한 음식장사의 프로로 거듭날 수 있도록 최선을 다할 것이다.

음식경영
컨설팅에 길을 묻다

지은이 | 편 병 철
펴낸이 | 김 경 태
펴낸곳 | 한국경제신문 한경BP
등록 | 제2-315(1967. 5. 15)
제1판 1쇄 인쇄 | 2009년 5월 25일
제1판 1쇄 발행 | 2009년 5월 30일
주소 | 서울특별시 중구 중림동 441
홈페이지 | http://www.hankyungbp.com
전자우편 | bp@hankyung.com
기획출판팀 | 3604-553~6
영업마케팅팀 | 3604-561~2, 595
FAX | 3604-599

ISBN 978-89-475-2707-1 (03320)

값 11,000원